Special Thanks to

세상이 아무리 바쁘게 돌아가더라도
책까지 아무렇게나 빨리 만들 수는 없습니다.

길벗은 독자 여러분이
가장 쉽게, 가장 빨리 배울 수 있는 책을
한 권 한 권 정성을 다해 만들겠습니다.

독자의 1초를 아껴주는 정성을
만나보세요.

좋은 보고서를 만드는 네 가지 원리

보고서 작성 원리

with 파워포인트

김연희 지음

길벗

보고서 작성 원리 With 파워포인트

How to write a report with powerpoint

초판 발행 · 2020년 12월 24일

지은이 · 김연희
발행인 · 이종원
발행처 · ㈜도서출판 길벗
출판사 등록일 · 1990년 12월 24일
주소 · 서울시 마포구 월드컵로 10길 56(서교동)
대표 전화 · 02)332-0931 | **팩스** · 02)322-0586
홈페이지 · www.gilbut.co.kr | **이메일** · gilbut@gilbut.co.kr

기획 및 책임 편집 · 최동원(cdw8282@gilbut.co.kr)
표지 및 본문 디자인 · 박상희 | **제작** · 이준호, 손일순, 이진혁 | **영업마케팅** · 임태호, 전선하, 차명환
웹마케팅 · 조승모, 지하영 | **영업관리** · 김명자 | **독자지원** · 송혜란, 윤정아
교정교열 · 안종군 | **전산편집** · 예다움 | **CTP 출력 및 인쇄** · 상지사피앤비 | **제본** · 상지사피앤비

ISBN 979-11-6521-406-7 03000
(길벗 도서코드 007079)

정가 15,000원

독자의 1초를 아껴주는 정성 길벗출판사

㈜도서출판 길벗 · IT실용서, IT/일반 수험서, IT전문서, 경제실용서, 취미실용서, 건강실용서, 자녀교육서
더퀘스트 · 인문교양서, 비즈니스서
길벗이지톡 · 어학단행본, 어학수험서
길벗스쿨 · 국어학습서, 수학학습서, 유아학습서, 어학학습서, 어린이교양서, 교과서
페이스북 · www.facebook.com/gilbutzigy
네이버 포스트 · post.naver.com/gilbutzigy

직장인이라면 누구나 보고서를 작성해 본 경험이 있을 것입니다. 보고서는 업무의 중간 과정이나 최종 결과 등을 정리한 문서로 보고서 작성 시에는 두 가지를 고민해야 합니다. 하나는 보고서의 내용을 어떻게 구성하고 표현할 것인가에 대한 고민이고 다른 하나는 보고 대상을 어떻게 이해시키고 설득할 것인가에 대한 고민입니다.

이 책에서는 다양한 보고서를 어떻게 구성하고 표현할 것인가에 대해 고민하여 누구나 쉽게 보고서를 작성할 수 있도록 기획 – 논리 – 직관 – 시각의 네 단계로 보고서 작성을 체계화했습니다.

그동안 저에게 보고서 작성을 의뢰하는 고객들이 초안을 전달하며 가장 많이 하는 말은 깔끔하게 제작해달라는 것입니다. 깔끔하게 제작해달라는 말은 추상적이지만 분명한 요구입니다. 이 추상적인 말을 구체적으로 정리하면 보고서의 내용이 한눈에 들어오도록 도식화해 전체적인 색이 통일되게 배색해 달라는 것입니다.

고객들의 초안은 보통 전반적으로 많은 색을 사용하고 있습니다. 색을 많이 사용하는 이유는 모든 정보가 중요하다고 생각하기 때문입니다. 모든 정보가 중요해 강조하면 결국 모든 정보가 중요해 보이지 않게 됩니다. 정보를 중요도의 순서에 맞게 정리하는 데 색은 큰 역할을 합니다. 그래서 이 책에서는 색에 대해 자세히 다루고 실제 사례를 Before와 After로 제시합니다. 이 부분에 저의 제작 노하우가 담겨 있습니다.

저의 오랜 실무 경험에서 나오는 노하우는 모두 고객과 끊임없는 피드백과 소통으로 얻은 결과입니다. 저를 가장 많이 성장하게 하고 배우게 한 것은 고객입니다. 이 책이 보고서가 어렵다고 느끼는 분들에게 도움이 되길 기원합니다.

김연희

좋은 보고서를 만드는 4가지 원리를 따라 보고서를 작성해 보세요.

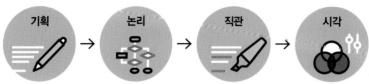

기획 → 논리 → 직관 → 시각

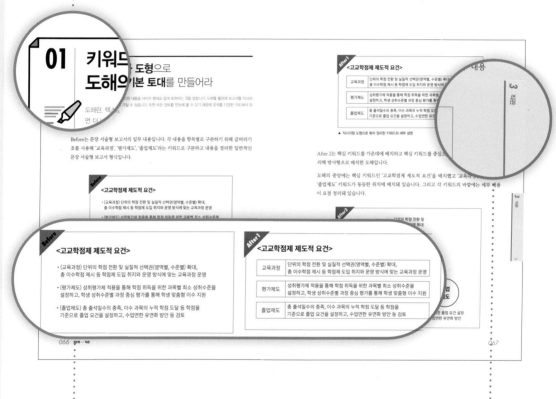

좋은 보고서란 무엇일까요?
다양한 보고서 샘플과 Before&After를
예시로 제공합니다.

검색 탭
원하는 부분을 빠르게 찾아볼 수 있습니다.

무작정 따라하기

이론 설명에서 학습한 내용의 따라하기를 제공합니다.

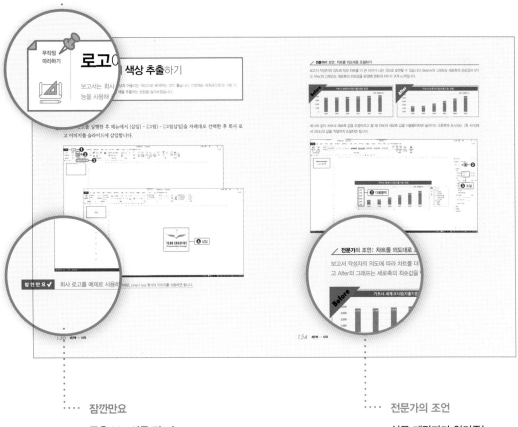

잠깐만요

좋은 보고서를 만드는
간단한 팁을 제공합니다.

전문가의 조언

실무 제작자가 알려주는
실전 노하우도 놓치지 마세요.

목차

4

시각

무엇이든 물어보세요!

문의사항이 있을 경우 길벗 홈페이지의 [고객센터]-[1:1] 게시판에 질문을 등록해 보세요. 길벗 독자지원
센터에서 친절하게 답변해 드립니다.

❶ 길벗 홈페이지(www.gilbut.
co.kr) 회원 가입 후 로그인
하기

❷ [고객 센터] - [1:1] 게시판
에서 '도서 이용'을 클릭하
고 책 제목 검색하기

❸ [문의하기]를 클릭해 새로
운 질문 등록하기

1 단계

기획

보고서는 업무에 관한 진행 사항이나 결과, 계획 등을 정리한 문서로, 보고 대상에게 꼭 필요한 정보만 전달해 이해를 돕거나 설득하는 데 사용합니다. 보고서를 본격적으로 작성하기 전에 보고서 작성 시점, 보고 대상, 준비된 자료에 따라 알맞은 보고서를 기획하는 방법을 알아보겠습니다.

01 | 업무 상황에 따라 달라지는 보고서

보고서의 구성은 보고서를 작성하는 시점에 따라 달라집니다. 이번에는 진행 중인 업무, 완료한 업무, 계획 예정인 업무로 구분해 실제 보고서의 사례를 살펴보겠습니다.

보고서의 구성은 보고 시점에 따라 달라집니다. 보고 시점은 크게 현재 시점에 해당하는 '진행 중인 업무', 과거 시점에 해당하는 '완료한 업무', 그리고 미래 시점에 해당하는 '계획 예정인 업무'로 구분할 수 있습니다.

현재 시점에 해당하는 '진행 중인 업무'는 시장을 분석하거나 문제점을 파악하는 현황 분석을 중심으로 보고하기 때문에 정확한 정보를 전달하는 것이 중요합니다. 이때는 수치화된 그래프를 활용하는 것이 좋습니다.

과거 시점에 해당하는 '완료한 업무'는 진행한 업무의 결론, 성과 분석, 실패 요인 분석 등에 대해 보고합니다.

미래 시점에 해당하는 '계획 예정인 업무'는 과거에 진행한 업무의 결과를 간략하게 정리한 후 새로운 대안이나 사업에 대한 구체적인 전략을 중심으로 보고해야 합니다.

| 진행 중인 업무 | 완료한 업무 | 계획 예정인 업무 |

▲ 업무 상황에 따른 보고서

진행 중인 업무를 보고할 때

진행 중인 업무를 보고하는 중간 보고서에는 '현황파악보고서', '실태조사보고서', '시장분석보고서' 등이 있습니다. 다음 '2020년 수출전망 및 지역별 시장여건' 보고서는 우리나라의 수출 시장을 분석해 앞으로의 수출 전망을 예측한 것으로, 수출 현황을 바탕으로 앞으로의 계획을 구상하는 밑거름이 됩니다.

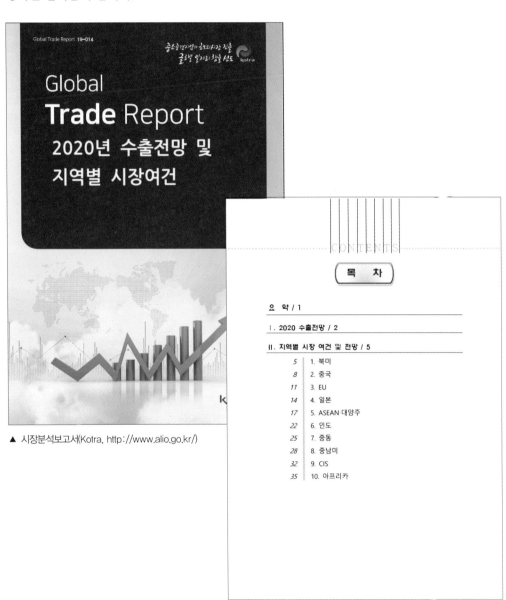

▲ 시장분석보고서(Kotra, http://www.alio.go.kr/)

다음은 '폭염 대처상황 보고서'로, 폭염에 따른 피해 현황, 각 정부 부처의 대처 사항, 향후 계획으로 구성돼 있습니다. 현재 상황을 분석한 후 향후 계획을 동시에 제시한 상황 보고서입니다.

▲ 상황보고서(행정안전부, https://www.mois.go.kr/)

다음은 '교통안전 특별실태조사 보고서'로, 교통안전에 대한 실태를 조사, 분석하고 문제점에 대한 개선책을 제시하고 있습니다.

『교통안전 특별실태조사 보고서』

[경상북도 예천군]

2019. 12

국토교통부 **TS** 한국교통안전공단

▲ 실태조사보고서(국토교통부, http://www.alio.go.kr/)

< 목 차 >

완료한 업무를 보고할 때

완료한 업무의 결과를 보고하는 보고서에는 '결과보고서', '연구보고서', '출장보고서', '실적보고서', '조사보고서' 등이 있습니다. 이런 종류의 보고서는 업무의 결과나 성과 그리고 앞으로의 계획 등으로 구성돼 있습니다. 다음은 '출장 결과 보고서'로, 출장의 목적과 결과, 향후 계획으로 구성돼 있습니다.

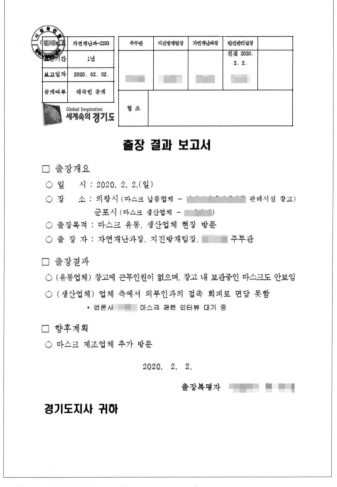

▲ 출장보고서(경기도청, https://www.open.go.kr/)

다음은 '허가특허연계제도 영향평가 결과 보고서'로, 허가특허연계제도의 영향평가에 대한 배경이나 개요, 평가 방법, 결과로 구성돼 있습니다.

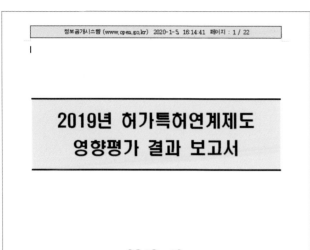

▲ 결과보고서(식품의약품안전처, https://www.open.go.kr/)

2019년 허가특허연계제도 영향평가 결과 보고서

2019. 12.

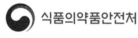

식품의약품안전처

목 차

다음은 "19년 온실가스 감축제도 운영사업에 대한 예산집행 결과 및 추진실적 보고서'로, 온실가스 감축제도에 대한 예산집행 결과와 사업 추진 성과로 구성돼 있습니다.

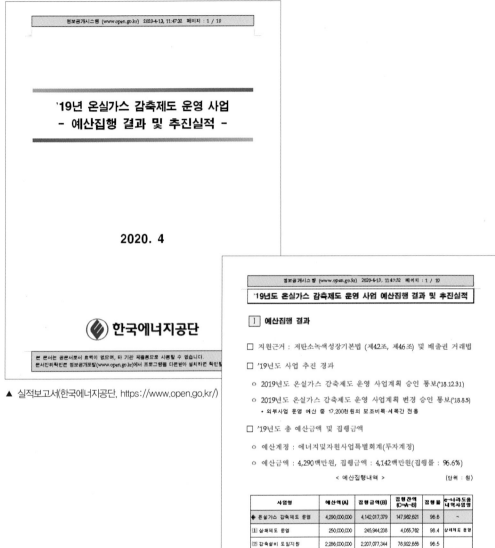

▲ 실적보고서(한국에너지공단, https://www.open.go.kr/)

다음은 '코로나19의 디스플레이산업 영향에 대한 연구보고서'로, 코로나19가 한국 디스플레이
산업에 미치는 영향과 전망, 시사점으로 구성돼 있습니다.

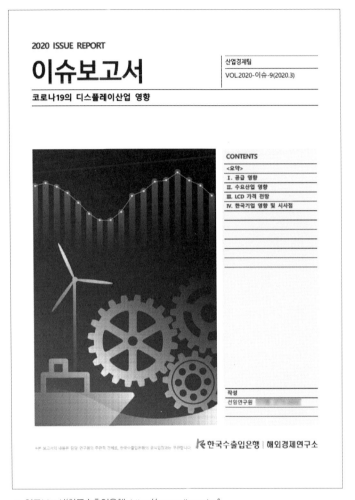

▲ 연구보고서(한국수출입은행, http://www.alio.go.kr/)

앞으로 진행할 업무를 보고할 때

앞으로 진행할 업무를 보고하는 보고서에는 '사업계획서', '사업제안서' 등이 있습니다. 기존 업
무를 분석한 후 문제점을 파악해 새로운 대안을 제시하거나 기존에 없던 새로운 사업을 제안하
는 내용으로 구성돼 있습니다.

다음은 '코로나19 지역고용대응 특별지원사업 추진계획' 보고서로, 특별지원사업의 추진근거와 추진개요, 사업별 세부계획, 추진일정 등으로 구성돼 있습니다.

코로나19 지역고용대응 특별지원사업 수진계획

고용노동부 주관 코로나19 지역고용대응 특별지원사업을 통해 휴업 및 실직으로 어려움을 겪고 있는 사업장 및 지역주민에게 실질적인 혜택을 제공하고자 함

1 추진근거

○ 『고용정책기본법』 제6조(국가와 지방자치단체의 시책)
○ 『코로나19 지역고용 등 특별지원사업 가이드라인』 (고용노...

2 추진개요

○ 사업목적 : 코로나19 확산에 따라 무급휴직 근로자 생계비 지원...
　　　　　　 형태근로종사자 및 프리랜서 등 사각지대 지원
○ 사업기간 : 2020. 4. ~ 6.
○ 사업내용 : ①코로나19로 인한 무급휴직 근로자 생계비 지원
　　　　　　 ②코로나19로 인한 특고·프리랜서 등 사각지대 지...
○ 사업규모 : (무급휴직자 지원) 100여명, (특고, 프리랜서 지원) ...
○ 총사업비 : 250,000천원(국비 100%)

3 사업별 세부계획

1. 코로나19 피해사업장 무급휴직근로자 생계비 지원

○ 사업개요 : 코로나19로 인해 조업이 전면 또는 부분 중단된 5인...
　　　　　　 공인 사업장으로 무급휴직을 실시하는 경우 저소득 근...
　　　　　　 지원
○ 지원기간 : 1차) 2020. 2. 23. ~ 2. 28. / 3. 1. ~ 3. 31.
　　　　　　 ▶ 집행잔액 발생 시 2차) 4. 1. ~ 4. 22.

▲ 추진계획서(정보공개포털, https://www.open.go.kr/)

- 지급과정

❶ 신청 및 접수	❷ 지원자 심사 및 선정	❸ 특고·프리랜서 등 지원금 지급
방문, 이메일, 팩스, 우편	일자리정책과	근로자 계좌로 입금
(1차) ~ 4월 20일까지	(1차) 4월 중	
(2차) ~ 5월 10일까지	(2차) 5월 중	10일 이내 지급

4 예산운용계획

○ 총사업비 : 250,000천원 (국비 100%)

연번	사 업 명	편성목	통계목	예산액(천원)	산출내역
1	코로나19 지역고용대응 특별지원 - 무급휴직자 생계지원 - 특고, 프리랜서 생계지원	민간이전	민간경상사업 보조	250,000	- 무급휴직자 생계지원 · 50명*500,000원*2개월 - 특고, 프리랜서 생계지원 · 500명*500,000원*2개월

5 추진일정

○ 20. 04. 06. ~ 04. 10. : 보조금 교부 결정 및 성립전 예산 편성
○ 20. 04. 07. ~ 04. 20. : 사업 고시·공고
○ 20. 04. 16. ~ 04. 20. : 1차) 사업 접수
○ 20. 04. 21. ~ 04. 24. : 참여자 요건 검토
○ 20. 04. 27.　 : 1차) 신청자 지원금 지급
○ 20. 05. 06. ~ 05. 10. : 2차) 추가 접수

6 행정사항

○ 홍보정책담당관 : 온라인 홍보 및 기사자료 배포
○ 읍·면·동 : 각종 회의자료 및 이·통장 대상 적극 홍보

02 | 보고 대상에 따라 달라지는 **보고서**

보고서의 방향은 보고 대상에 따라서도 달라집니다. 보고 대상이 한 명일 경우에는 문장 서술형 보고서, 여러 명일 경우에는 발표 형식의 프레젠테이션형 보고서가 적합하죠. 이번에는 보고 대상에 따라 달라지는 보고서의 유형을 알아보겠습니다.

보고 대상이 한 명일 경우

보고 대상이 한 명일 경우에는 주로 텍스트 중심의 문장 서술형 보고서를 작성합니다. 문서 편집 프로그램으로 작성하는 문장 서술형 보고서는 발표에 적합한 프레젠테이션형 보고서보다 빠르게 작성할 수 있지만, 텍스트가 너무 많으면 복잡해 보이거나 전달력이 떨어질 수 있습니다. 문장 서술형 보고서를 작성할 때는 핵심 내용을 다른 크기나 색상으로 강조해 위계를 만들거나 글머리기호를 활용해 긴 문장을 간결하게 정리해야 합니다.

잠깐만요 ✔ 텍스트 위주의 문서형 보고서의 내용을 한눈에 보기 좋게 정리하는 방법은 173쪽을 참고하세요.

▲ 텍스트 위주의 문서형 보고서(한국수출입은행, http://www.alio.go.kr/)

보고 대상이 여러 명일 경우

보고 대상이 여러 명인 경우에는 프레젠테이션형 보고서를 작성해 발표하는 형태로 보고합니다. 프레젠테이션형 보고서는 도해가 텍스트보다 중심이 되며 미리 작성한 문장 서술형 보고서를 초안으로 활용해 중요한 내용을 정리한 후 도식화해 파워포인트에서 프레젠테이션형 보고서로 가공합니다. 프레젠테이션형 보고서의 목적은 중요한 내용을 정리해 한눈에 알아볼 수 있도록 정리하는 것이기 때문에 기본적인 디자인 요소를 파악하고 있는 것이 내용을 시각적으로 정리하는 데 도움이 됩니다.

도해 중심의 프레젠테이션형 보고서는 텍스트로만 구성된 문장 서술형 보고서와 달리, 문장 서술형 보고서를 요약해 텍스트와 도해를 함께 제공하기 때문에 내용을 직관적으로 전달할 수 있습니다.

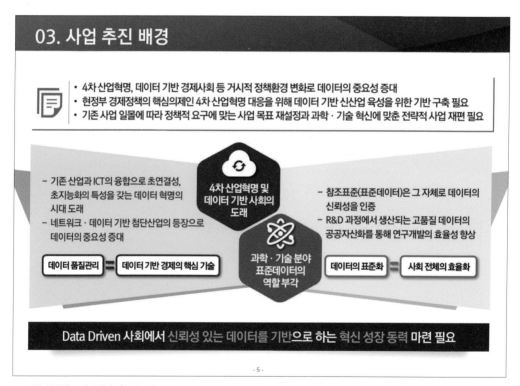

▲ 도해 위주의 프레젠테이션형 보고서

잠깐만요 ✔ 서술형 문장을 도해로 표현하는 방법은 38쪽을 참고하세요.

03 | 자료 구성에 따라 달라지는 **보고서**

보고서는 텍스트, 도해, 표, 차트, 이미지 등 다양한 자료를 활용해 작성합니다. 이번에는 보고서의 자료 구성에 따라 달라지는 보고서를 알아보겠습니다.

텍스트 위주의 자료 구성

보고 자료가 텍스트 위주라면 '세로 문장 서술형 보고서'를 작성하는 것이 좋습니다. 다음은 업무의 개요, 목적, 내용, 효과, 계획 등을 요약한 문장 서술형 보고서로, 중요한 내용만 텍스트로 요약해 정리했습니다. 이렇게 텍스트 위주의 자료로 구성된 보고서는 시각적인 효과를 위해 글자 강조, 줄 간격, 글머리기호 등을 사용해 규칙을 정하는 것이 중요합니다.

한국철도의 올바른 사회적 가치 실현 방향 정립

1. 과제개요
- ◇ 과제유형 / 연구책임자 : 수시연구과제 / 경영연구처 ●●●
- ◇ 연구기간 / 소요예산 : |

2. 연구목적
- ◇ 철도 공공성 강화를 위한 코레일 사회적 가치 실현 방향 설정과 기준 정립
- ◇ 코레일 경영전반에 사회적가치가 뿌리내리는 조직문화 구축을 위한 추진과제에 대한 정책 제언

3. 연구내용
- ◇ 사회적 가치의 배경 및 개념
- ◇ 사회적 가치(SV), 사회적 책임(CSR), 공유가치창출(CSV)의 개념 비교
- ◇ 코레일의 사회적 가치 전략체계 분석 및 진단
- ◇ 사회적 가치에 대한 공공 및 민간 부분 사례 분석
- ◇ 공공 및 민간부문의 사례분석을 통한 코레일에 적합한 사회적 가치에 대한 개념 정립
- ◇ 코레일의 사회적 가치 내재화를 위해 조직문화 변화관리에 대한 정책 제언

4. 기대효과
- ◇ 코레일 사회적가치 실현 목표 및 방향 정립을 통한 철도 공공성 강화 기반 마련
- ◇ 코레일에 적합한 사회적가치 실현 방향과 조직문화 내제화를 위한 정책 제시
- ◇ 코레일 사회적가치 실현 방향 설정과 추진과제 도출을 위한 기준 정립으로 코레일 사회적가치 실현에 기여

5. 활용계획
- ◇ 코레일 사회적가치 실현 방향 설정과 추진과제 도출의 근거 자료로 활용

▲ 텍스트로 구성된 문서형 보고서(한국철도공사, http://www.alio.go.kr/)

잠깐만요✔ 텍스트 위주의 보고서를 보기 좋게 정리하는 방법은 173쪽을 참고하세요.

도해 위주의 자료 구성

도해는 긴 문장을 간결하게 정리해 쉽게 이해할 수 있도록 돕는 역할을 합니다. 도해 위주로 구성된 보고서는 '가로 프레젠테이션형 보고서'를 작성하는 것이 좋습니다. 하지만 세로 문장 서술형 보고서에도 텍스트와 도해를 함께 넣는 경우가 많죠. 아래 두 개의 보고서는 텍스트와 다양한 도형을 활용한 도해로 구성돼 있습니다.

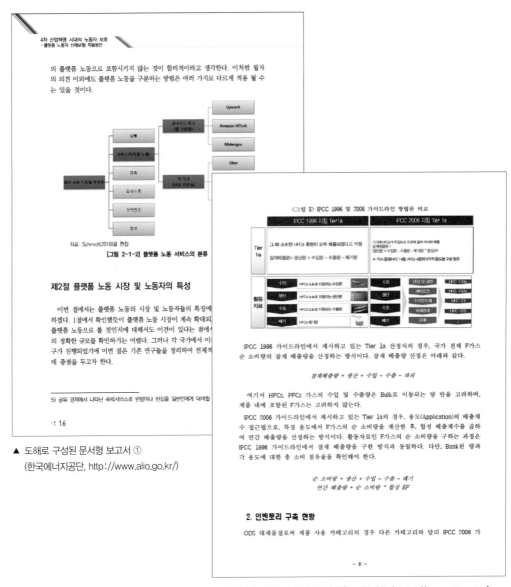

▲ 도해로 구성된 문서형 보고서 ①
(한국에너지공단, http://www.alio.go.kr/)

▲ 도해로 구성된 문서형 보고서 ②(근로복지공단, http://www.alio.go.kr/)

문장 서술형 보고서에 도식화한 자료를 삽입할 경우에는 도해를 만들기 쉬운 파워포인트에서 작업한 후 한글이나 워드 등의 문서 편집 프로그램에 붙여 넣는 방법으로 작업하는 것이 좋습니다. 이때 붙여 넣는 문서 프로그램이 한글인 경우에는 파워포인트에서 작업한 도해가 이미지로 옮겨지기 때문에 도해를 만들 때 사용한 파워포인트 파일을 따로 저장해 두는 것이 좋습니다. 파워포인트에서 워드로 붙여 넣을 때는 도해가 원본 그대로 옮겨집니다.

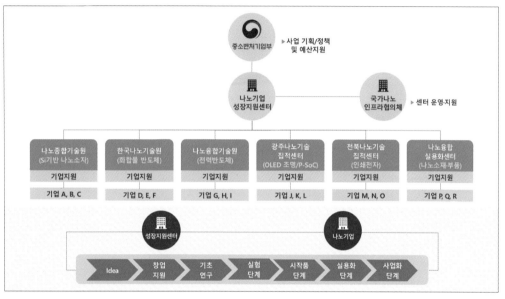

▲ 도해로 구성된 프레젠테이션형 보고서

잠깐만요 ✔ 복사(Ctrl+C), 붙여 넣기(Ctrl+V) 단축키를 활용하면 도해를 간단하게 옮길 수 있습니다.

표 위주의 자료 구성

표는 만들기도 쉽고 각 항목이 한눈에 들어오기 때문에 자료를 비교·분석하는 데 적합합니다. 따라서 문장 서술형 보고서와 프레젠테이션형 보고서에 많이 사용합니다. 보고서에 삽입하는 표는 글자체의 크기나 굵기, 정렬 방식 등을 일정한 규칙에 따라 사용하고 표의 선과 색을 통일해 표의 내용이 한눈에 들어오도록 정리합니다.

◀ 표로 구성된 문서형 보고서
(문화체육관광부, https://www.mcst.go.kr/)

▲ 표로 구성된 프레젠테이션형 보고서

잠깐만요 ✔ 표를 시각적으로 보기 좋게 만드는 방법은 147쪽을 참고하세요.

차트 위주의 자료 구성

자료를 차트로 표현하면 변화하는 수치를 확인하거나 비교하기 쉽습니다. 다음과 같은 문장 서술형 보고서와 프레젠테이션 보고서에서 많이 볼 수 있는 형태의 구성 자료입니다. 데이터를 비교해야 할 때는 막대그래프나 원 그래프, 변화하는 두 개 이상의 데이터의 차이를 분석할 때는 선 그래프를 많이 사용합니다.

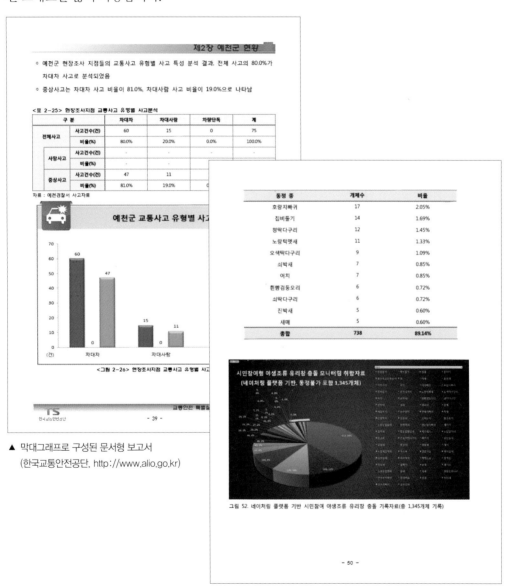

▲ 막대그래프로 구성된 문서형 보고서
 (한국교통안전공단, http://www.alio.go.kr)

▲ 원 그래프로 구성된 문서형 보고서(국립생태원)

차트의 내용과 연관 있는 아이콘이나 이미지를 넣어 시각적으로 강조할 수도 있습니다.

잠깐만요 ✔ 차트를 시각적으로 보기 좋게 만드는 방법은 150쪽을 참고하세요.

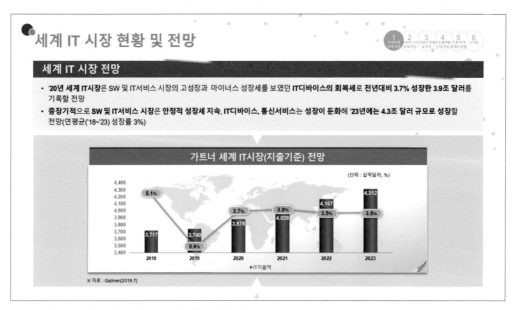

▲ 막대그래프와 꺾은선 그래프로 구성된 프레젠테이션형 보고서

이미지 위주의 자료 구성

이미지도 문장 서술형 보고서와 프레젠테이션형 보고서에서 많이 사용합니다. 보고서에 많은 이미지를 삽입할 때는 이미지와 텍스트를 자연스럽게 배치해 서로 어우러지도록 해야 합니다.

잠깐만요 ✔ 이미지를 시각적으로 보기 좋게 배치하는 방법은 155쪽을 참고하세요.

인 올빼미는 전방 집중적 시야를 갖는 반면 포식동물을 피해야 하는 비둘기 등의 시야는 매우 넓게 형성되어 있다. 다만 3차원 인식이 가능한 양안시야 영역이 좁게 형성되어 유리창 등의 구조물 인식이 쉽지 않다.

그림 57. 사진은 유리창 충돌로 폐사한 물총새를 이용해 유리창 충돌 직전을 연출한 것이다.

그림 58. 맹금류인 수리부엉이와 포식동물인 회색기러기의 안구 위치. 포식동물인 수리부엉이는 안구가 얼굴 전면에 위치하지만, 먹이동물인 회색기러기의 안구는 머리의 측면에 있어 구조적으로 3차원 인식이 쉽지 않다.

나. 유리의 특성
　유리는 그 특성상 투명하게 보이거나 거울처럼
유리 표면은 빛을 완전히 반사시키거나 100
대적 위치, 건물 외부와 내부 조도, 반사되는

- 66 -

◀ 이미지로 구성된 문서형 보고서(국립생태원)

▲ 이미지로 구성된 프레젠테이션형 보고서

논리

1단계에서 보고 시점, 보고 대상, 자료 구성에 알맞은 보고서를 기획했다면 그다음으로 는 보고서의 내용을 논리적으로 구성하는 방법을 고민해야 합니다. 논리적인 보고서는 작성자의 생각을 보고 대상에게 정확하고 이해하기 쉽게 전달하는 것이 중요합니다. 제 목에서 목차, 내용의 구조에 이르기까지 보고서를 논리적으로 정리하면 보고 대상에게 신뢰를 줄 수 있고 전달하고자 하는 내용을 정확히 전달할 수 있습니다.

01 | 좋은 보고서는 **제목**부터 다르다

기본적으로 보고서의 첫 장에는 제목과 발표자, 날짜 등을 표시합니다. 좋은 보고서는 보고 대상이 보고서 제목만 읽어도 앞으로 어떤 내용이 전개될지 쉽게 알 수 있습니다.

목적과 해결방안을 알 수 있는 보고서

보고서 제목에는 'ㅇㅇ사업', 'ㅇㅇ제안', 'ㅇㅇ계획', 'ㅇㅇ발표', 'ㅇㅇ보고', 'ㅇㅇ과제' 등과 같은 단어를 주로 사용합니다.

다음 Before의 보고서 제목은 'ㅇㅇㅇ시 지역 빅데이터 허브 사업'입니다.

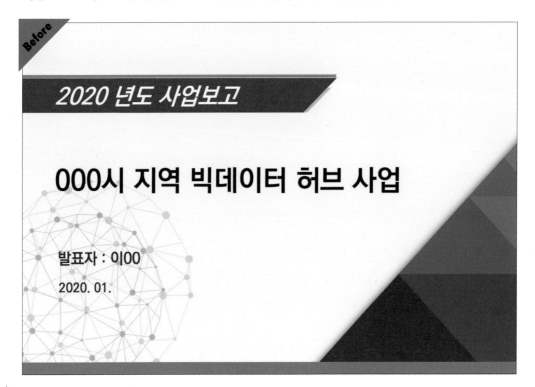

After는 제목과 함께 '정확한 교통데이터와 맞춤형 정보제공을 위한'이라는 소제목을 제시해 '빅데이터 허브사업'의 의미를 잘 모르더라도 이해하기 쉬운 제목이 됐습니다.

보고서의 제목과 소제목을 함께 넣어 보고의 목적(소제목)과 해결방안(제목)을 제시하면 보고 내용을 유추할 수 있습니다. 이때 소제목에는 '~를 위한'이나 '~를 통한' 등과 같은 표현을 많이 사용합니다.

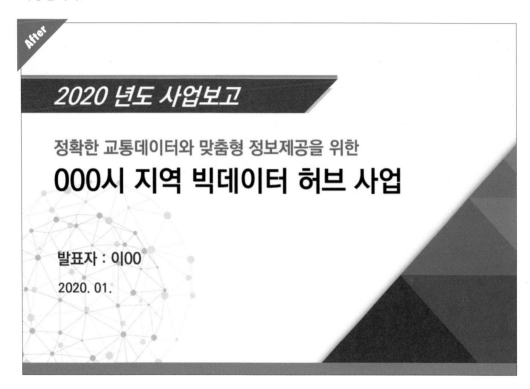

목적과 기대효과를 알 수 있는 보고서

보고서의 목적과 함께 기대효과를 제시하면 해당 보고서의 업무를 실행한 후 얻을 수 있는 결과를 예측할 수 있습니다. 기대효과는 '목적을 달성했을 때 기대할 수 있는 결과'로, Before의 '세외수입 활성화 방안 연구과제'는 일반적인 형태의 제목입니다. 보고 대상의 입장에서는 연구과제의 목적이 무엇인지 바로 알 수 없는 제목이죠.

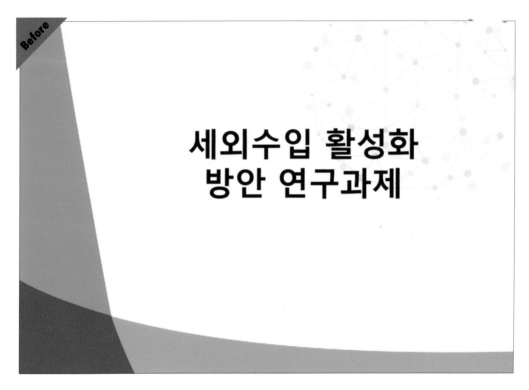

다음 After와 같이 '전담조직 체계화로', '체납 ZERO는 현실이 된다!'라고 정리하면 연구과제의 목적과 기대효과를 분명히 드러낼 수 있습니다. 즉, '전담조직 체계화로'는 연구과제의 목적, '체납 ZERO'는 체계적인 전담조직 운영을 통해 얻을 수 있는 기대효과를 나타내는 것입니다.

세외수입 활성화 방안 연구과제

전담조직 체계화로
체납 ZERO는 현실이 된다!

제목과 소제목을 정리하는 방법

보고서의 제목과 소제목을 정하는 것이 어렵다면, 다음과 같이 보고서의 '목적', '해결방안', '기대효과' 등의 단어를 넣어 문장을 만들어 보세요. 이외에도 문장을 요약해 제목과 소제목을 정리하면 보고서의 제목을 쉽게 정리할 수 있습니다.

보고서를 작성하는 목적은 정확한 교통데이터와 맞춤형 정보를 제공하는 것이고, 해결방안은 ○○○지역 빅데이터 허브 사업을 진행하는 것입니다.

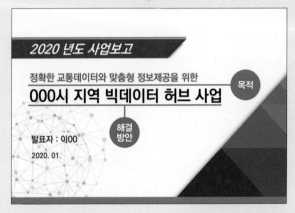

세외수입 활성화 방안 연구과제의 목적은 전담조직을 새로 구성하는 것이고 체납 ZERO는 기대효과가 나타나도록 하는 것입니다.

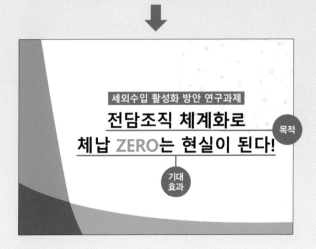

02 좋은 보고서는 **목차**부터 다르다

논리적인 보고서는 목차만 읽어도 보고서 전체의 흐름을 파악할 수 있습니다. 목차에서는 업무의 시작과 마무리 그리고 계획이 포함돼야 합니다. 이번에는 Why – What – How의 흐름이 있는 목차 작성 방법을 알아보겠습니다.

Why – What – How의 흐름이 있는 목차

보고서를 작성할 때는 'who(누가)', 'when(언제)', 'where(어디서)', 'what(무엇을)', 'how(어떻게)', 'why(왜)'에 해당하는 '5W1H'의 원칙을 지켜 작성해야 합니다. '5W1H'의 Why(왜), What(무엇을), How(어떻게)를 활용하면 논리적인 구조를 지닌 목차를 작성할 수 있습니다. 다음은 '2020학년도 마이스터고 학점제 도입 방안' 보고서의 목차로, 총 일곱 개의 목차로 구성돼 있으며 이 목차를 Why – What – How의 구조로 나눠 살펴보겠습니다.

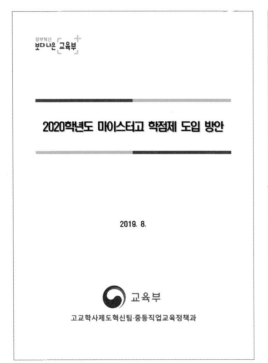

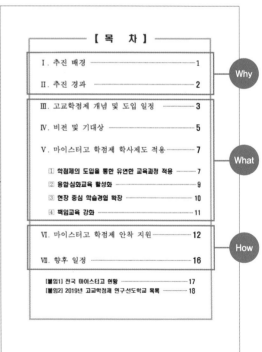

▲ Why – What – How의 흐름이 있는 목차(교육부, https://www.moe.go.kr)

'Why(왜)'에 해당하는 서론에는 업무의 추진 배경 등을 포함해 보고서를 작성하는 이유에 대한 답이 있어야 합니다. 보고서를 작성한 이유, 배경 그리고 보고서를 작성하는 시점에서의 문제점과 해결책을 제시해 보고 대상에게 당위성과 긴급성이 전달되도록 하는 것이 좋습니다.

'What(무엇을)'에 해당하는 본론에는 문제해결을 위해 무엇을 해야 하는지에 대한 답이 있어야 합니다. 문제해결을 위한 해결방안과 함께 이를 뒷받침하는 구체적인 자료와 보고자의 의견을 함께 제시합니다.

'How(어떻게)'에 해당하는 결론에는 해결방안을 어떻게 실행할 것인지에 대한 답이 있어야 합니다. 앞으로의 실행 계획, 구체적인 절차, 일정 등을 제시하는 것이 좋습니다.

이렇게 보고서의 목차를 작성할 때 업무의 중요도나 보고 상대를 고려해 Why – What – How 의 구조를 먼저 고민한 후 목차를 작성하면 어떤 내용의 보고서라도 논리적인 흐름으로 정리할 수 있습니다.

내용 전개를 예측할 수 있는 목차

목차에는 '추진 배경', '현황', '결과 분석', '문제점', '향후 계획'과 같은 직접적인 단어를 많이 사용합니다. 이렇게 직접적인 키워드를 넣어 목차를 작성하면 보고서의 내용을 예측할 수 있습니다. 다음은 'ICT 시장전망 및 대응전략'에 대한 보고서의 목차로, 직접적인 단어를 사용해 'ICT(Information and Communications Technologies, 정보 통신 기술)'의 세계 시장 전망을 먼저 제시하고 국내 시장의 전망과 문제 상황 그리고 시사점을 제시하는 자연스러운 흐름으로 구성돼 있습니다.

Contents
1. 세계경제 전망
2. 국내·외 거시경제 전망
3. 국내 ICT 현황 및 전망
4. 주요 품목별 산업 전망
5. 미·중 무역 분쟁의 영향
6. 시사점

03 좋은 보고서는 내용의 구조가 다르다

논리적인 보고서에는 구조적인 짜임새가 있습니다. 여기서는 Why – What – How의 흐름, 피라미드, 로직트리를 활용해 보고자의 생각을 논리적으로 정리하는 방법을 알아보겠습니다.

Why – What – How 흐름의 문장 서술형 보고서

다음은 한 페이지 분량의 요약 보고서로, 다섯 개의 큰 주제로 구성돼 있습니다. Why에 해당하는 '1. 과제개요'와 '2. 연구목적'은 서론으로, 보고서 작성의 배경과 상황이 포함돼 있습니다. What에 해당하는 '3. 연구내용'과 '4. 기대효과'는 본론으로, 문제해결을 위해 무엇을 실행해야 하는지가 구체적으로 정리돼 있습니다. 마지막으로 How에 해당하는 '5. 활용계획'은 결론으로, 앞으로의 계획이 정리돼 있습니다. 이렇게 한 페이지 분량의 보고서라도 Why – What – How를 적용하면 논리적인 구성을 지닌 보고서를 작성할 수 있습니다.

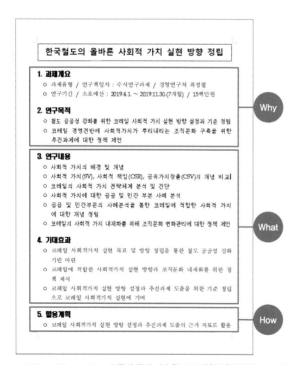

▲ Why – What – How 흐름의 문장 서술형 보고서(한국철도공사, http://www.alio.go.kr)

Why - What - How 흐름의 프레젠테이션형 보고서

다음은 주택 유리창이나 빌딩 유리벽에 부딪혀 생명을 잃는 수만 마리의 새에 대해 알리고 그 대책을 마련하기 위해 제작된 Why - What - How 구조의 프레젠테이션형 보고서입니다.

다음과 같이 이야기가 있는 프레젠테이션형 보고서의 첫 슬라이드에는 화두를 던지는 글과 이미지를 배치해 앞으로 이어질 이야기에 대한 흥미를 이끌어 내는 것이 좋습니다. 여기서는 직접적인 상황 설명과 관련 이미지를 넣어 심각성을 알리고 있습니다. 제목은 두 번째 슬라이드에 들어가 있습니다.

'왜 유리충돌이 일어나는가?'는 Why에 해당하는 내용으로, 유리 건축 구조물이 늘어나면서 새들의 죽음이 증가하고 있다는 것을 알리고 있습니다.

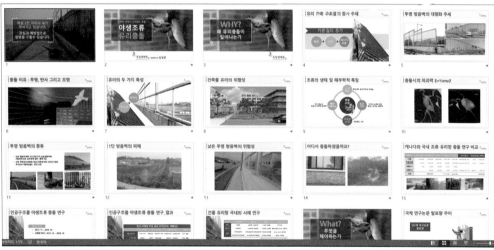

'무엇을 해야 하는가?'는 What에 해당하는 내용으로, 공공기관, 업체, 가정, 민간단체로 구분해 유리충돌에 대한 해결방안을 제시하고 있습니다.

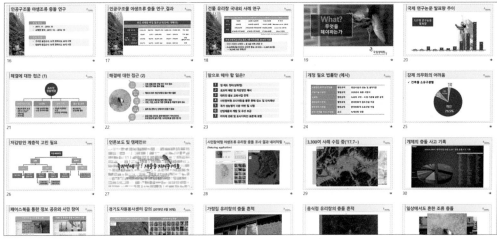

'어떻게 실행해야 하는가?'는 How에 해당하는 내용으로, 일반 가정과 정부 시범사업 등의 구체적인 실행방법을 제안하고 있습니다.

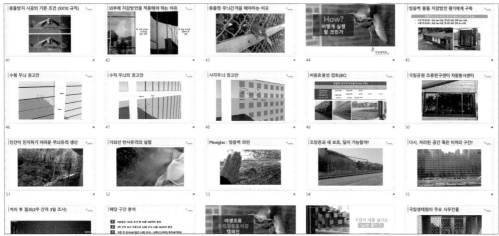

Why - What - How 구조의 프레젠테이션형 보고서는 전체적인 내용이 이야기 형식으로 구성돼 있기 때문에 관련 주제에 대한 지식이 없더라도 쉽게 이해할 수 있습니다.

과거, 현재, 미래의 시점을 포괄하는 구조

보고서의 내용을 과거, 현재, 미래의 순서로 전개하면 보고 상대가 보고서의 전반적인 내용을 좀 더 쉽게 파악할 수 있습니다. 일반적인 보고서는 과거, 현재, 미래의 시점을 포괄하고 있습니다.

과거 시점은 보고서 작성의 배경을 제시하는 단계, 현재 시점은 문제를 해결하기 위한 해결방안을 제시하는 단계입니다. 마지막으로 미래 시점은 해결방안을 실행하기 위한 계획을 세우는 단계입니다.

보고서를 과거, 현재, 미래 순으로 전개하면 보고 대상이 업무의 전반적인 진행 과정을 파악하는 데 도움을 줍니다.

다음은 정책연구용역 추진계획 보고서의 일부로, 'I 추진배경'(과거)부터 'II 연구 내용'(현재), 'III 기대효과'(미래)가 순서대로 정리돼 있습니다. 이렇게 과거 · 현재 · 미래의 흐름을 포괄하는 보고서는 각 시점의 내용이 논리적으로 연결돼 있어 설득력을 높일 수 있습니다.

'과거(추진배경)'는 보고서의 시작 단계로, 보고서를 왜 작성하는지에 대한 답을 제시하는 단계입니다. 과거에서 원인을 찾아 문제가 발생한 상황이나 배경을 이해할 수 있습니다. 이 단계에서는 보고 대상의 공감을 얻기 위해 실제 사례나 분석 데이터를 활용하는 것이 좋습니다.

I 추진배경

□ 장래인구추계는 중장기 경제사회 발전계획 수립을 위한 핵심자료로 연금, 재정, 인력수급, 교원·병역자원 수급 등 다양한 분야에서 활용됨

<**장래인구추계 활용사례**>

<기획재정부> 중장기 국가 재정전망
<고용노동부> 중장기 인력수급 추계
<보건복지부> 저출산 및 고령화 종합대책, 국민연금, 기초노령연금 등 연금관련
　　　　　　 재정추계, 기초생활수급자, 건강보험, 아동수당 등 이용대상자 추계
<교육부> 교원수급, 학령인구 및 학교 수급추계
<국방부> 병역자원 수급 및 추계
<기타> 1인당 국민소득, 1천 명당 주택 수 등

□ 저출산·고령화 현상이 심화되고, 외국인 인구의 유입이 늘면서 인구구조의 변화와 인구 규모의 추정에서 국제인구이동의 중요성이 커짐

　○ 국제인구이동은 국가별로 기준이 상이하고, 정부 정책 및 국내·외 환경에 따른 단기적인 변동이 커 장기 전망 및 가정 설정이 어려움

　○ 현재 국제인구이동 가정은 과거의 인구이동 규모 혹은 이동률 평균 등으로 설정하고 있으나 세부특성별(국적, 체류자격 등) 가정 설정 방법론을 개발하여 국제인구이동 추계의 정확성을 높일 필요

□ 인구 자연감소 시대 도래로 지역별 인구추계 및 인구구조 변화에서 가장 중요한 인구변동요인은 국내인구이동임

　○ 국내인구이동은 전국 기준 재료섬 관계로 중위 가정만으로 추계를 하고 있어 인구이동 변동에 따른 지역별 인구 규모 및 구조 변화를 반영하는 데 한계가 있음

　○ 국내인구이동은 국가 및 지방자치단체 정책 등에 따라 단기적 변동이 커 다양한 시나리오를 통해 예측력 제고 필요

▲ 과거(추진배경)의 단계(통계청, http://www.open.go.kr)

'현재(해결방안)'는 문제해결을 위해 무엇을 할 것인지에 대한 답을 제시하는 단계입니다. '과거(추진배경)'에서 발견한 문제를 해결하기 위해 현재 시점에서 무엇을 할 것인지를 구체적으로 계획할 수 있습니다. 사업내용, 사업기간, 소요예산 등 보고서의 주제가 되는 내용을 정리하는 것이 좋습니다.

Ⅱ 연구 내용

□ **국제인구이동 추계 방법론 연구**

o **(자료원 검토)** 현재 출입국등록자료를 통해 국제인구이동통계를 작성하고, 인구주택총조사를 이용하여 외국인 특성을 파악하는데 센서스 및 등록자료 등 추가 자료원을 검토하여 통계 활용성 증대 방안 모색

o **(해외사례수집)** 각국의 국제인구이동측정을 위한 센서스, 행정자료 및 표본조사 등 통계 인프라와 국제이동 추계 방법에 대한 사례 수집

o **(방법론 개발)** 국제이동 추계시 외국인은 기간별 순이동 총량을 성, 연령별로 배분하고 있으나 외국인 이동자의 특성유입 유출 국적 체류자격 등에 따라 세분화한 방법론을 개발하고, 장래인구추계에 활용 방안 연구

□ **국내인구이동 시나리오별 방법론 연구**

o **(해외사례수집)** 최근의 지역추계 방법론 및 국내인구이동 시나리오에 대한 각국의 사례수집 및 활용방안 연구

Ⅲ 기대 효과

□ **국내 및 국제인구이동통계 개선에 활용**

o 현재 작성 중인 국내 및 국제인구이동통계 작성방식 개선 및 신규 지표 개발을 위한 기초자료로 활용

□ **장래인구추계 작성을 위한 이동추계 방법론 개선**

o 세부특성별(성, 연령, 국적, 체류자격 등) 내외국인 인구를 작성하여 '20년 기준 장래인구추계(' 21. 12월 예정)에 반영하고자 함

□ **관련 정책 수립을 위한 기초자료로 활용**

o 내외국인 전망자료 제공을 통한 법무부, 여가부 등 관련 부처 맞춤형 정책(외국인, 이민자, 다문화가족 등) 수립 지원

▲ 미래(향후계획)의 단계(통계청, http://www.open.go.kr)

'미래(향후계획)'는 해결방안을 실행하기 위한 계획을 세우는 단계입니다. 사업기간, 세부일정, 소요예산 등과 같은 해결방안을 실행하는 데 필요한 자원이나 일정 등의 내용을 구체적으로 제시하는 것이 좋습니다.

Ⅳ 추진 방안

□ **사업 기간 :** 계약체결일로부터 2020. 11. 30.

□ **수행 방식 :** 외부 전문기관(연구자)에 위탁형 연구용역

□ **계약 체결 방법:** 제한경쟁 입찰(협상에 의한 계약)

□ **공모 기간 및 방법**
- ○ 공모 기간 : 10일 간
  - - 국가를 당사자로 하는 계약에 관한 법률 시행령 제35조(입찰 공고의 시기) 제5항 제2호에 따라서 최소 공고기간인 10일간 공고
- ○ 공모 방법 : 조달청 나라장터 공고
- ○ 신청 서류 : 연구용역 과제 제안서
  - - 과제수행 계획, 연구비 집행계획, 연구실적, 연구진 이력 등

□ **연구용역업체 선정방법**
- ○ 국가를 당사자로 하는 계약에 관한 법률 시행령 제12조의 요건을 갖춘 자
  - · 전문성과 공신력을 인정받을 수 있는 기관 중 목적에 부합하는 연구경험과 실적을 갖춘 자
- ○ 제안서 기술평가(80%) 및 가격평가(20%)를 종합하여 우선협상기관 선정

□ **소요 예산: 4,000만 원**
- ○ 연구용역비 : 4,000만 원(3032-304-260-01 : 사회통계작성 - 연구용역비)
  - · 부가가치세 포함

□ **과제관리 : 매월 진척상황 점검 · 관리**
- ○ 매월 점검회의를 개최하여 계획대비 진행상황 및 연구내용 품질 관리

▲ 현재(해결방안)의 단계(통계청. http://www.open.go.kr)

04 논리적인 보고서를 위한 로직트리

논리적인 보고서는 보고 대상이 보고서의 내용을 쉽게 이해할 수 있습니다. 로직트리를 사용하면 정보를 논리적으로 정리할 수 있고 생각을 구체적으로 정리하는 데 도움을 줍니다.

로직트리는 생각을 정리하고 구체화할 수 있는 도구입니다. 로직트리는 한 개의 중심 요소를 축으로 뻗어 나가는 나뭇가지 형태로, 다양한 구조의 로직트리 중 피라미드 구조의 로직트리는 피라미드 상단에 하나의 결론을 두고 하단에는 결론을 뒷받침하는 요소를 정리해 안정감이 있어 보이는 특징이 있습니다.

결론을 뒷받침하는 요소는 보통 세 개가 적당하며 다섯 개를 넘지 않는 것이 좋습니다. 피라미드 로직트리 상단의 결론은 보고서의 주제에 해당하며, 하단의 요소는 보고서 전체를 끌고 가는 본론에 해당합니다.

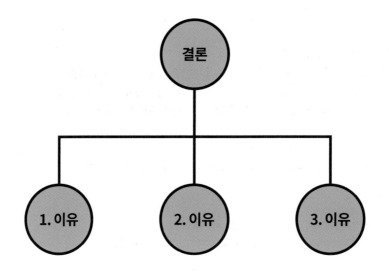

다음은 피라미드 로직트리의 예시입니다. 보고서를 어떻게 작성해야 할지 난감하다면 피라미드 로직트리를 활용해 결론부터 생각하고, 근거를 하나씩 찾아 나가는 것이 좋습니다.

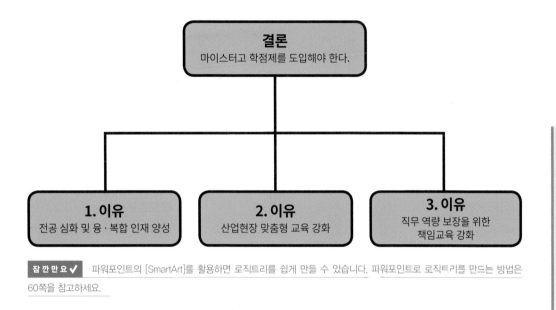

잠깐만요 ✔ 파워포인트의 [SmartArt]를 활용하면 로직트리를 쉽게 만들 수 있습니다. 파워포인트로 로직트리를 만드는 방법은 60쪽을 참고하세요.

why so – so what으로 피라미드의 결론과 이유 명확히 하기

피라미드 로직트리 상단의 결론과 하단의 요소는 서로 논리적으로 연결돼 있어야 합니다. 피라미드 로직트리의 결론과 관련 요소가 논리적으로 연결됐는지 확인하고 싶다면 why so – so what을 넣어 확인할 수 있습니다. 'why so?'는 '왜 그렇게 말하는가?'라는 질문, 'so what?'은 '그래서 무엇을 할 것인가?'라는 질문입니다.

다음은 '마이스터고 학점제 도입'이라는 결론과 결론을 뒷받침하는 요소 중 하나인 '산업현장 맞춤형 교육강화'를 이미지로 표현한 것입니다. 이때 'why so'와 'so what'을 넣어 문장을 만들면 문장이 논리적으로 연결되는지 확인할 수 있습니다.

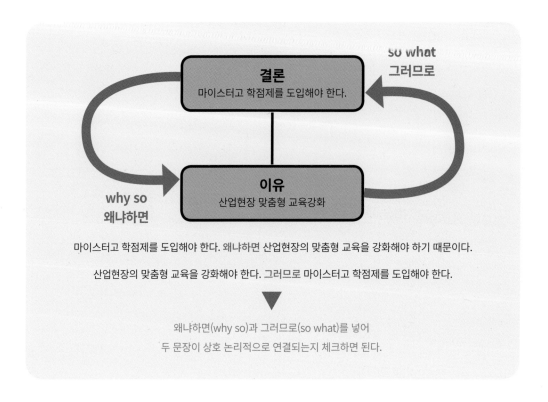

다음은 피라미드 로직트리에 서포트 항목을 추가한 형태로, 결론을 뒷받침할 요소의 구체적인 사실, 데이터 등이 있다면 각각의 요소 하단에 분석 데이터의 결과나 실제 사례 등을 정리할 수 있습니다. 각 요소에 따라 서포트 항목이 없을 수도 있습니다.

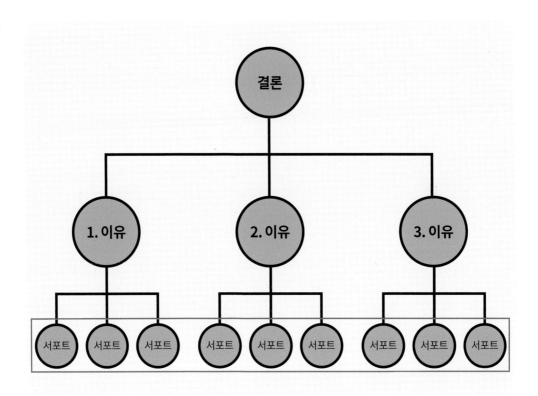

피라미드 로직트리를 활용하면 파워포인트로 다음과 같은 프레젠테이션 보고서를 만들 수 있습니다. 로직트리 상단의 결론은 제목 슬라이드, 결론을 뒷받침하는 세 개의 이유 요소는 본문 슬라이드가 됩니다. 그리고 각 요소를 뒷받침하는 서포트 항목을 구체적으로 풀어 보고서를 작성하면 됩니다.

심쌤 핀효 ✔ 서포트 항목에는 도해, 그래프, 이미지 등을 활용하는 것이 좋습니다.

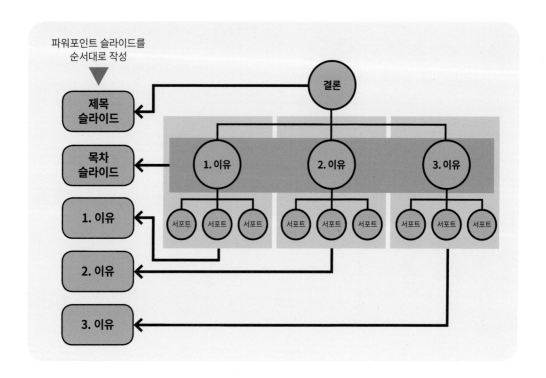

피라미드 구조의 결론 작성

피라미드 로직트리 상단의 결론을 도출하는 것이 어렵다면 현재 직면하고 있는 문제에 '어떻게' 또는 '왜'를 넣어 질문을 직접 만들어 보는 것도 좋은 방법입니다. 야생조류 유리충돌 문제를 예로 들어 '야생조류의 유리충돌을 막으려면 어떻게 해야 할까?'라는 질문을 만든 후 이에 대한 답으로 '투명 유리창과 방음벽에 충돌 저감방안을 마련한다.'라는 결론을 도출했습니다. 만약 '어떻게' 대신 '왜'를 넣는다면 질문이 '야생조류는 왜 유리충돌을 할까?'로 바뀌고 이에 따라 결론도 바뀝니다. 보고 상황이나 주제에 따라 '어떻게'와 '왜'를 선택해 질문을 만들면 됩니다.

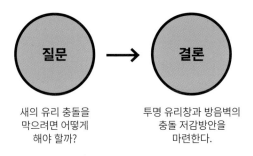

질문

→

결론

새의 유리 충돌을
막으려면 어떻게
해야 할까?

투명 유리창과 방음벽의
충돌 저감방안을
마련한다.

질문이 시작되는 단계는 문제 인식의 단계로, 문제를 해결하기 위한 질문을 하는 것입니다. 문제가 되는 것은 야생조류의 유리충돌이고, 이상적인 목표는 유리충돌로 죽어가는 야생조류를 줄이는 것입니다. 이렇게 질문과 답을 만들어 정리하면 피라미드 로직트리 상단의 결론과 하단의 요소를 쉽게 정리할 수 있습니다.

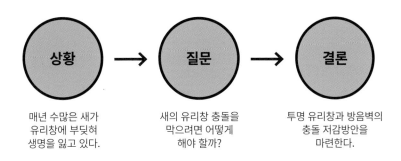

상황

→

질문

→

결론

매년 수많은 새가
유리창에 부딪혀
생명을 잃고 있다.

새의 유리창 충돌을
막으려면 어떻게
해야 할까?

투명 유리창과 방음벽의
충돌 저감방안을
마련한다.

문제해결을 위한 로직트리

문제해결 과정은 발견한 문제의 원인을 분석해 해결책을 찾는 것으로, 로직트리를 활용하면 문제의 원인을 논리적으로 분석하고 해결책을 찾을 수 있습니다. 먼저 문제의 원인을 분석할 수 있는 Why 로직트리를 알아보겠습니다.

문제발견

→

원인분석

→

과제해결

Why 로직트리 적용

How 로직트리 적용

055

Why 로직트리를 활용하면 '문제가 왜 발생했는가?'에 대한 답을 찾을 수 있습니다. 다음은 Why 로직트리를 활용해 야생조류 유리충돌 문제의 원인을 분석한 예제로, 가장 왼쪽에 중심 항목인 '야생조류 유리충돌'을 배치하고 이에 대한 원인을 세 가지 요소로 정리했습니다.

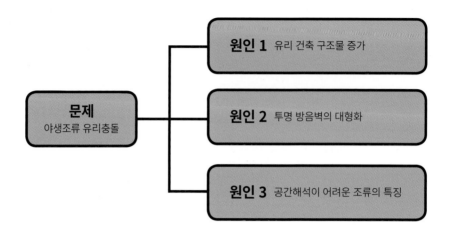

로직트리의 중심 요소에서 뻗어 나가는 하위 요소를 정리할 때 주의해야 할 점은 하위 요소 중 누락되거나 중복되는 요소가 없도록 하는 것입니다. 이렇게 겹치지 않고 구성 요소를 빠짐없이 정리하는 것을 'MECE'라고 합니다.

잠깐만요 ✔ MECE에 대한 자세한 내용은 58쪽을 참고하세요.

Why 로직트리를 활용해 분석한 야생조류 유리충돌의 세 가지 원인을 통해 '투명 유리창과 방음벽에 충돌 저감 방안을 마련한다.'라는 과제를 도출했다면 How 로직트리를 활용해 '어떻게 하면 과제(문제)를 해결할 수 있는가?'에 대한 답을 찾을 수 있습니다.

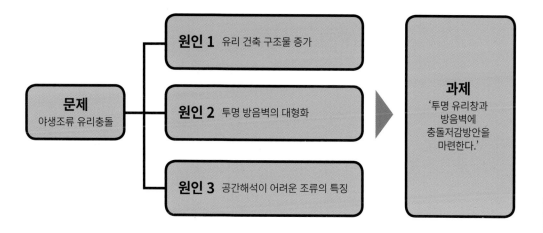

다음 How 로직트리와 같이 가장 왼쪽에 중심 과제인 '충돌 저감방안'을 배치하고 이에 대한 해결책을 '공공기관', '업체', '가정'으로 구분해 정리한 후 각각의 중분류에서 뻗어 나가는 구체적인 해결방안을 정리합니다.

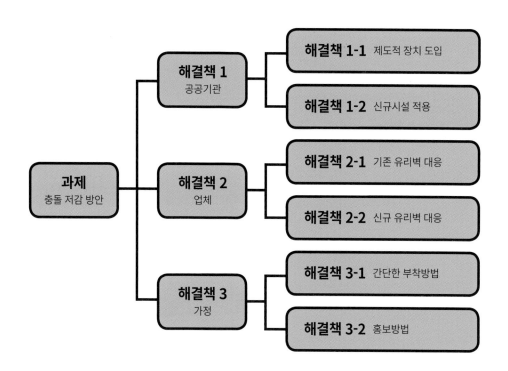

위와 같이 문제의 원인을 Why 로직트리로 나열하면 당면한 과제를 쉽게 도출할 수 있고, Why 로직트리를 이용해 도출한 과제를 How 로직트리를 활용해 해결책을 나열하면 문제해결을 위한 방법을 논리적으로 정리할 수 있습니다. 이렇게 로직트리를 활용하면 과제와 해결책을 논리적으로 정리할 수 있습니다. 문제의 원인을 정확히 파악해야 제대로 된 해결책을 마련할 수 있는 것이죠. 로직트리를 활용에 보고서 목차를 작성할 경우에는 Why 로직트리를 활용해 정리한 내용은 추진배경, How 로직트리를 활용해 정리한 내용은 해결방안이 됩니다. 그리고 Why 로직트리로 정리한 과제는 핵심 주제가 됩니다.

✏ 전문가의 조언

복잡한 내용도 MECE로 분류하면 쉬워진다

아무리 복잡한 주제라도 로직트리로 정리한 후 MECE로 검증하면 좀 더 논리적으로 접근할 수 있습니다. 다음 로직트리는 '주요 품목별 수출전망'이라는 주제를 대폭증가, 현상유지, 소폭감소라는 세 항목으로 대분류한 후 품목을 소분류한 것입니다. 핵심 요소인 '주요 품목별 수출전망'에서 뻗어 나가는 로직트리로 정리했기 때문에 단계적으로 접근할 수 있습니다. 보고서를 작성할 때는 로직트리를 활용해 본문을 순서대로 구성할 수 있습니다.

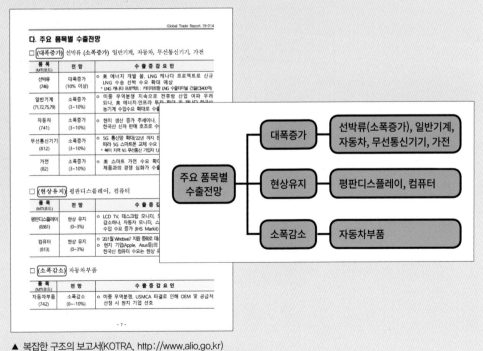

▲ 복잡한 구조의 보고서(KOTRA, http://www.alio.go.kr)

대분류인 대폭증가, 현상유지, 소폭감소 항목은 서로 겹치지 않고 누락이 없다는 것(MECE)을 알 수 있습니다. 이렇게 복잡한 내용도 MECE를 활용해 대분류, 중분류, 소분류로 세분화하면 논리적으로 접근할 수 있습니다.

다음은 야생조류 유리충돌 문제에 How 로직트리를 적용해 문제해결에 접근한 사례입니다. 가장 왼쪽에 과제를 두고 건물과 방음벽 두 가지 항목에서 점차 가지로 뻗어 나가 구체적인 해결방안으로 접근하는 로직트리를 적용했고 구분한 분류를 같은 색상으로 디자인해 전체적인 흐름이 한눈에 잘 들어옵니다. 이렇게 각 분류를 같은 색상으로 구분하면 MECE를 효과적으로 표현할 수 있습니다.

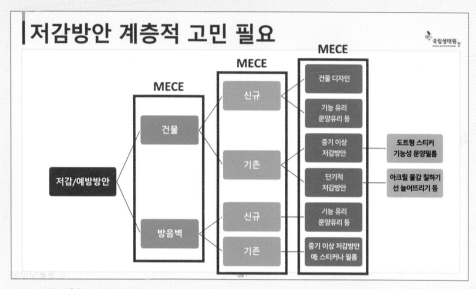

▲ MECE를 적용한 프레젠테이션형 보고서

파워포인트로 **로직트리**만들기

파워포인트의 [SmartArt] 기능을 활용하면 로직트리를 쉽게 만들 수 있습니다.

① 파워포인트를 실행한 후 리본 메뉴의 [삽입] – [SmartArt]를 차례대로 선택합니다.

② [SmartArt 그래픽 선택] 대화상자에서 [계층구조형] - [가로계층구조형]을 차례대로 선택한 후 [확인]을 클릭하면 슬라이드에 SmartArt가 삽입됩니다.

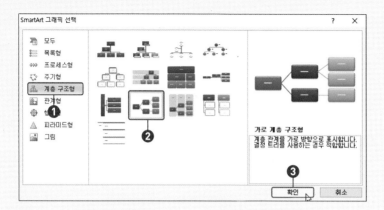

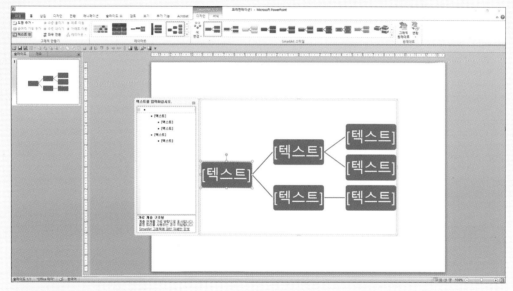

잠깐만요 ✔   SmartArt 미리보기 이미지 위에 마우스 커서를 올려놓으면 해당 SmartArt의 이름이 표시됩니다.

③ 삽입된 SmartArt를 클릭하면 텍스트 입력창이 표시됩니다. 텍스트 입력창에 글머리기호로 구분된 [텍스트]를 클릭해 원하는 내용을 입력합니다.

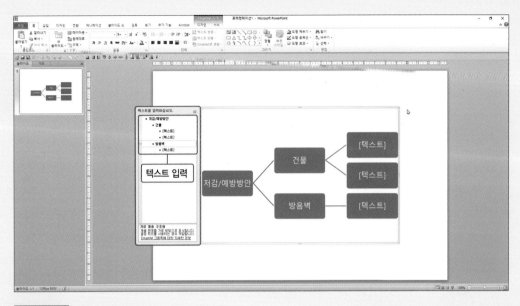

잠깐만요 ✔ 글머리기호로 구분된 [텍스트]를 클릭하면 삽입한 SmartArt 중 어떤 텍스트 상자인지 확인할 수 있습니다.

④ 같은 계층에 새로운 텍스트 상자를 추가하려면 텍스트 입력창에서 Enter를 누르면 됩니다.

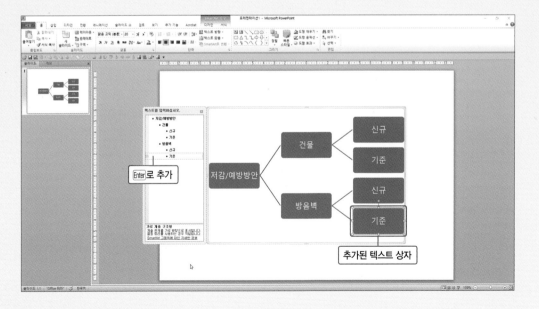

⑤ 하위 계층을 추가하려면 텍스트 입력창에서 Enter를 누른 후 Tab을 누릅니다.

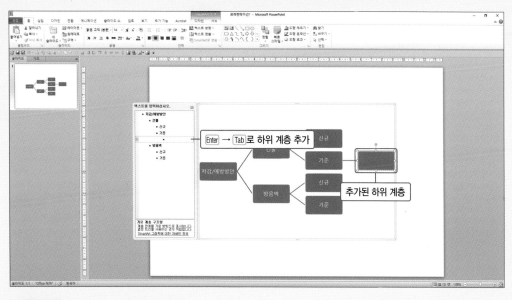

잠깐만요✔ 텍스트 입력창에서 Backspace를 누르면 하위 계층을 상위 계층으로 변경할 수 있습니다.

⑥ 다음과 같이 네 번째 계층까지 입력합니다. SmartArt 기능을 활용한 로직트리가 완성됐습니다.

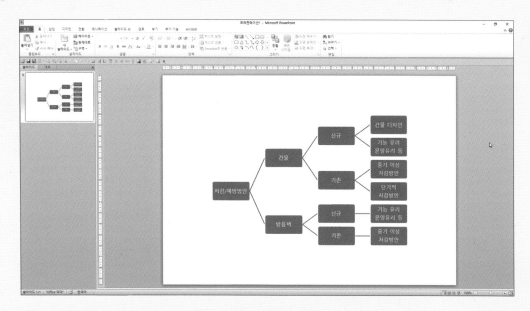

3 단계

직관

텍스트로만 정리된 문장 서술형 보고서의 내용은 전부 읽고 난 후에야 이해할 수 있기 때문에 보고서의 내용을 파악하는 데 오랜 시간이 걸릴 수밖에 없습니다. 정보를 쉽게 이해하기 위해서는 전체적인 구조를 먼저 파악해야 합니다. 보고서 작성자는 사전에 머릿속의 생각을 명확하게 정리해야 꼭 필요한 내용을 보고 대상에게 쉽게 전달할 수 있습니다. 도해는 도형을 이용해 정보를 시각화한 것으로, 도해를 활용하면 시각화된 정보가 한눈에 들어오기 때문에 각 내용의 관계를 쉽게 파악할 수 있습니다. 도해는 작성자의 생각을 정리하는 기술이자, 보고 대상에게 정보를 쉽게 전달할 수 있는 표현 기술입니다. 이번에는 보고서의 내용을 직관적으로 전달할 수 있는 도해 활용 방법을 알아보겠습니다.

01 | 키워드와 도형으로 도해의 기본 토대를 만들어라

도해란, 텍스트로 정리된 내용을 이미지 형태로 쉽게 표현하는 것을 말합니다. 도해를 활용해 보고서를 작성하면 더 넓은 시야를 가질 수 있습니다. 또한 모든 정보를 한눈에 볼 수 있기 때문에 문제를 다양한 각도에서 파악할 수 있습니다.

Before는 문장 서술형 보고서의 일부 내용입니다. 각 내용을 항목별로 구분하기 위해 글머리 기호를 사용해 '교육과정', '평가제도', '졸업제도'라는 키워드로 구분하고 내용을 정리한 일반적인 문장 서술형 보고서 형식입니다.

Before

<고교학점제 제도적 요건>

- (교육과정) 단위의 학점 전환 및 실질적 선택권(영역별, 수준별) 확대, 총 이수학점 제시 등 학점제 도입 취지와 운영 방식에 맞는 교육과정 운영

- (평가제도) 성취평가제 적용을 통해 학점 취득을 위한 과목별 최소 성취수준을 설정하고, 학생 성취수준별 과정 중심 평가를 통해 학생 맞춤형 이수 지원

- (졸업제도) 총 출석일수의 충족, 이수 과목의 누적 학점 도달 등 학점을 기준으로 졸업 요건을 설정하고, 수업연한 유연화 방안 등 검토

▲ 텍스트로만 구성된 문장 서술형 보고서

After 1은 직사각형 도형으로, 각각의 키워드와 내용을 분리해 세 가지의 핵심 내용이 있다는 것을 보여 주는 도해입니다. 보고서의 내용은 그대로이지만, 도형을 이용해 관련 정보를 묶어 정리했기 때문에 텍스트로만 정리했을 때보다 훨씬 보기가 편해졌습니다.

도해를 사용할 때는 요점만 간단히 정리하지만, 보고 상황과 대상에 따라 많은 텍스트가 필요할 수 있습니다. 이 경우, 도해를 사용해 핵심 키워드와 세부 내용을 묶어 배치하면 텍스트로만 정리했을 때보다 보고서를 훨씬 보기 좋게 만들 수 있습니다.

After1

<고교학점제 제도적 요건>

교육과정	단위의 학점 전환 및 실질적 선택권(영역별, 수준별) 확대, 총 이수학점 제시 등 학점제 도입 취지와 운영 방식에 맞는 교육과정 운영
평가제도	성취평가제 적용을 통해 학점 취득을 위한 과목별 최소 성취수준을 설정하고, 학생 성취수준별 과정 중심 평가를 통해 학생 맞춤형 이수 지원
졸업제도	총 출석일수의 충족, 이수 과목의 누적 학점 도달 등 학점을 기준으로 졸업 요건을 설정하고, 수업연한 유연화 방안 등 검토

▲ 직사각형 도형으로 묶어 정리한 키워드와 세부 설명

After 2는 핵심 키워드를 가운데에 배치하고 핵심 키워드를 중심으로 관련 세부 내용을 요점 정리해 방사형으로 배치한 도해입니다.

도해의 중앙에는 핵심 키워드인 '고교학점제 제도적 요건'을 배치했고 '교육과정', '평가제도', '졸업제도' 키워드가 등등한 위치에 배치돼 있습니다. 그리고 각 키워드의 바깥에는 세부 내용이 요점 정리돼 있습니다.

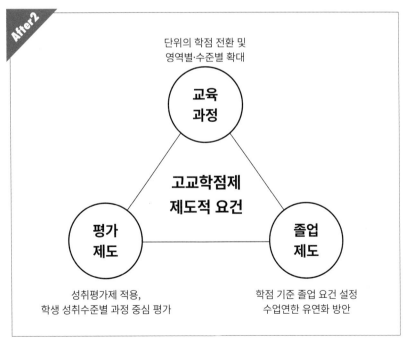

▲ 요점 정리와 함께 배치된 키워드

02 | 정보의 위계를 나타내라

도해를 사용하면 정보를 논리적으로 구조화해 구상할 수 있습니다. 보고서에 나열된 정보의 위계를 파악한 후 머릿속에 기본적인 도해의 틀을 구조화하면 사각형, 원과 같은 기본 도형만으로도 도해를 시작할 수 있습니다.

대등한 관계의 도해

다음은 대등한 수준의 세 개 요소가 있는 도해입니다. 세 개의 요소는 동등한 관계이고, 각각 독립적입니다. 일반적으로 많이 쓰이는 형태입니다.

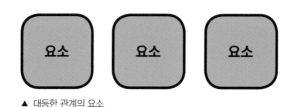

▲ 대등한 관계의 요소

상하 관계의 도해

다음은 방사형 도해로, 가운데에 상위 개념이 있고 세 개의 대등한 하위 요소를 상위 개념의 주변에 배치한 것입니다. 바깥 하위 요소는 중심의 상위 개념에서 뻗어 나온 것으로, 하위 요소에 속합니다.

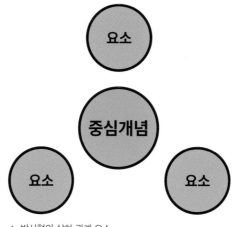

▲ 방사형의 상하 관계 요소

다음은 피라미드 도해로, 상단에는 상위 개념, 아래에는 상위 개념으로부터 뻗어 나온 하위 요소를 배치한 것입니다.

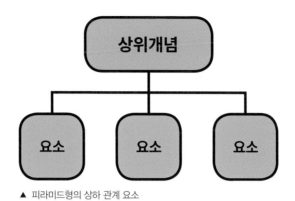

▲ 피라미드형의 상하 관계 요소

다음은 트리형 도해로, 가장 왼쪽에 상위 개념, 오른쪽에 상위 개념에서 뻗어 나온 세 개의 하위 요소를 배치한 것입니다. 내용이 세분화됨에 따라 하위 요소가 오른쪽으로 더 뻗어 나갈 수 있습니다.

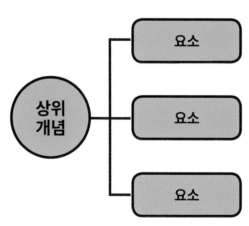

▲ 트리형의 상하 관계 요소

03 | 화살표로 정보의 관계를 분명하게 하라

화살표는 정보의 관계를 구체적이고 직접적으로 표현하는 데 적합합니다. 각 요소 사이에 한 방향 화살표(→), 양방향 화살표(↔)로 연결해 변화와 이동, 상호관계, 분기, 결과, 수렴, 확산을 표현할 수 있습니다.

변화와 이동을 나타내는 한 방향 화살표

다음은 상황이 왼쪽 요소에서 오른쪽 요소로 변하고 있다는 것을 나타내고 있습니다. 한 방향 화살표는 변화와 이동을 나타내며, 시선의 흐름을 화살표 방향으로 유도합니다.

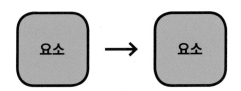

▲ 변화와 이동을 나타내는 한 방향 화살표

상호관계를 나타내는 화살표

다음의 양방향 화살표를 사용해 두 요소가 상반된 관계임을 나타내고 있습니다. 양방향 화살표는 주로 대비 또는 대립하는 요소라는 것을 표현할 때 사용합니다.

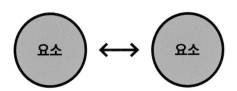

▲ 대비와 대립을 나타내는 양방향 화살표

다음은 한 방향 화살표 두 개를 반대로 배치해 두 요소가 상호 보완적인 관계라는 것을 나타내고 있습니다.

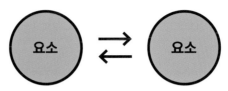

▲ 상호 보완 관계를 나타내는 한 방향 화살표

분기를 나타내는 화살표

다음은 왼쪽 요소에서 두 가지 요소로 분기된 형태의 도해입니다. 상위 개념의 요소를 세분화할 때는 한 방향 화살표를 사용합니다.

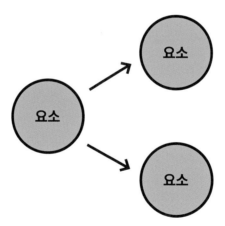

▲ 분기를 나타내는 한 방향 화살표

결과를 나타내는 화살표

다음은 한 방향 화살표를 이용해 여러 개의 요소가 단계를 거쳐 한 개의 중심개념으로 수렴되는 형태의 도해입니다. 여러 문제를 나열해 논리적으로 접근한 후 결론을 내릴 때 유용합니다.

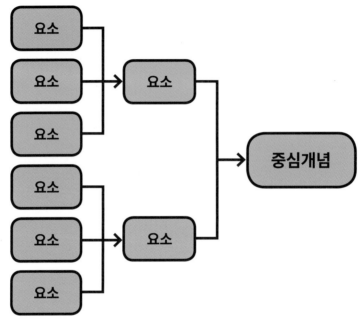

▲ 결과를 유도하는 화살표

수렴을 나타내는 화살표

다음은 여러 개의 동등한 요소가 하나의 중심개념으로 수렴되는 형태의 도해입니다. 한 방향 화살표의 끝이 중심개념을 향하고 있어 시선을 중심개념으로 유도합니다.

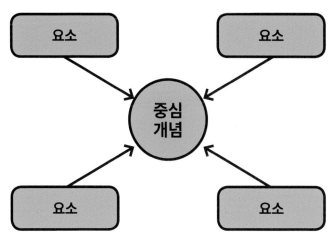

▲ 중심 요소로의 수렴을 나타내는 한 방향 화살표

확산을 나타내는 화살표

다음은 하나의 중심개념이 여러 개의 동등한 요소로 확산되는 형태의 도해입니다. 도해 가운데의 중심개념에서 뻗어 나오는 화살표의 끝이 바깥 요소를 향하고 있어 중심개념이 바깥의 여러 요소에 영향을 미친다는 것을 알 수 있습니다.

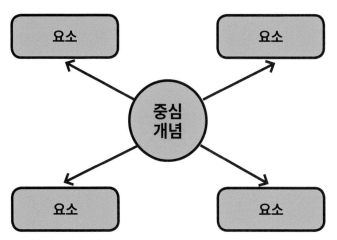

▲ 바깥 요소로의 확산을 나타내는 한 방향 화살표

04 | 시선을 **최종 목적**으로 이끌어라

시각적인 흐름이 있는 도해는 정적인 보고서를 역동적으로 만들어 보고서에 활기를 불어넣을 수 있습니다. 또한 시서의 흐름을 유도해 정보를 순서대로 이해하는 데 도움을 줍니다. 도해에서 시선의 방향은 보통 왼쪽에서 오른쪽, 위에서 아래, 아래에서 위로 흐르도록 표현하며 시선의 끝에 최종 목적이 있습니다.

다음은 왼쪽의 요소에서 최종 목적인 오른쪽 마지막 요소까지의 흐름을 나타낸 도해로, 시선 역시 자연스럽게 왼쪽에서 오른쪽으로 향하게 됩니다.

▲ 시선이 왼쪽에서 오른쪽으로 흐르는 형태

다음의 도해는 하단의 세 개의 요소에서 최종 목적인 상단의 중심개념으로 모이는 흐름을 나타낸 도해입니다. 이 도해는 아래에서 위로 상승하는 형태로, 시선도 자연스럽게 아래에서 위로 향하게 됩니다.

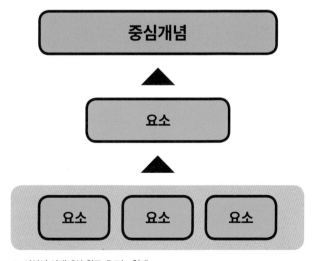

▲ 시선이 아래에서 위로 흐르는 형태

다음 도해는 상단 세 개의 요소에서 최종 목적인 하단 중심개념까지의 흐름을 나타낸 도해입니다. 이 도해는 위에서 아래로 향하는 형태로, 시선도 자연스럽게 위에서 아래로 향하게 됩니다.

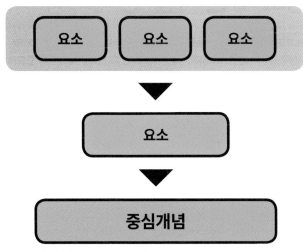

▲ 시선이 위에서 아래로 흐르는 형태

05 문장을 분해해 정보의 순서를 정리하라

텍스트로만 정리된 문장 서술형 보고서를 가공해 프레젠테이션형 보고서로 가공해야 하는 경우가 있습니다. 이 경우, 문장 서술형 보고서에 나열된 텍스트 간의 위계를 파악한 후 중요도가 높은 순시대로 배치하면 도해를 좀 더 쉽게 만들 수 있습니다.

다음은 〈학점제 도입의 의미〉에 대한 문장 서술형 보고서의 일부입니다. 학점제를 도입해야 하는 이유를 '맞춤형 교육과정 제공', '학습경험의 확장', '학습의 질 제고'라는 세 가지 항목으로 분류해 설명하고 있습니다.

〈학점제 도입의 의미〉
- (맞춤형 교육과정 제공) 학점을 기반으로 하는 유연한 교육과정을 통해 융합교육 활성화, 다양한 직무경로 개설, 학교 자율운영 과목 개설 등 맞춤형 교육과정 제공
- (학습경험의 확장) 직업세계에서 요구하는 미래역량을 함양하기 위해 학교 안팎의 다양한 학습경험을 확장하고 이를 학점으로 인정하는 체제 마련
- (학습의 질 제고) 과목별 이수를 통한 학점 취득으로 학습의 '양'을 충족할 뿐만 아니라 최소 성취수준 도달 지원을 통한 학습의 '질' 보장

▲ 문서형 보고서의 일부(교육부, https://www.moe.go.kr)

다음은 도식화 작업 전에 도해로 요약할 부분을 굵게 표시해 문장을 정리한 것입니다. '학점제 도입의 의미'에서 '맞춤형 교육과정 제공', '학습경험의 확장', '학습의 질 제고'라는 세 가지 항목은 동등한 관계로 '학점제 도입의 의미' 다음으로 중요한 두 번째 정보입니다. 그리고 나머지 세 가지 항목 옆의 세부설명 하위 요소는 세 번째 정보입니다. 정보의 순서는 중요도의 순서이자, 시선이 흐르는 순서를 말합니다.

<학점제 도입의 의미>
- **(맞춤형 교육과정 제공)** 학점을 기반으로 하는 유연한 교육과정을 통해 융합교육 활성화, 다양한 직무경로 개설, 학교 자율운영 과목 개설 등 **맞춤형 교육과정 제공**
- **(학습경험의 확장)** 직업세계에서 요구하는 미래역량을 함양하기 위해 **학교 안팎의 다양한 학습경험을 확장**하고 이를 **학점으로 인정하는 체제** 마련
- **(학습의 질 제고)** 과목별 이수를 통한 학점 취득으로 학습의 '양'을 충족할 뿐만 아니라 **최소 성취수준 도달** 지원을 통한 **학습의 '질' 보장**

▲ 도해로 요약할 내용 체크하기

다음은 앞에서 요약한 내용을 중요도에 따라 배치한 후 사각형만 이용해 만든 도해입니다. '학점제 도입의 의미'가 정보의 순서상 가장 중요하므로 눈에 잘 띄는 상단에 배치했고, 정보를 순서대로 배치해 시선이 위에서 아래로 흐르도록 했습니다.

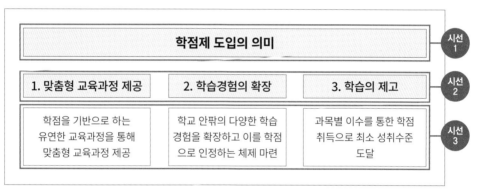

▲ 정보를 중요 순서대로 배치한 도해

위의 피라미드 도해를 다음과 같은 트리 도해로 표현할 경우 시선 2에 해당하는 세 가지 항목은 같은 중요도를 지닌 정보이므로 도해 작업을 할 때도 같은 위치에 배치해야 합니다.

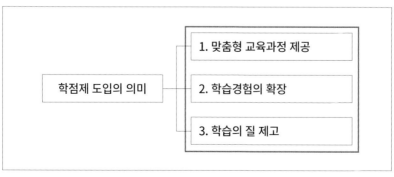

▲ 상위 계층과 하위 계층으로 구분된 트리 도해

정보의 수를 먼저 인지하게 하라

도해를 만들 때 도해를 구성하는 요소의 수를 먼저 인지하면 내용을 기억하는 데 많은 도움이 됩니다. 다음 도해를 보면 내용을 읽지 않아도 중심개념을 구성하는 세 가지의 요소가 있다는 것을 쉽게 알 수 있습니다. 이렇게 중심개념과 중심개념을 구성하는 요소의 수를 인지한 후 세부 내용을 확인하면 보고 대상이 내용을 좀 더 쉽게 기억할 수 있습니다. 각각의 세부설명은 다섯 가지를 넘지 않는 것이 좋습니다. 또한 발표를 할 때두 '학점제를 도입해야 하는 이유는 세 가지입니다.'라는 식으로 세 가지 요소가 있다는 것을 먼저 알려 주는 것이 좋습니다.

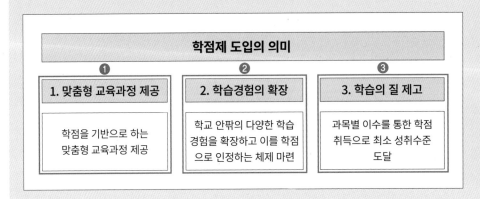

06 목적에 맞는 도해를 사용하라

보고서의 구성에 따라 목적에 맞는 도해를 선택해 사용하면 더욱 직관적인 보고서를 만들 수 있습니다. 이번에는 보고서의 구조, 중심개념과의 관계, 정보의 흐름 등을 효과적으로 표현할 수 있는 도해를 알아보겠습니다.

목록형 도해

목록형 도해는 중심개념과 세부설명이 나열된 형태로, 일반적인 보고서에서 가장 많이 볼 수 있습니다. 중심개념에 대한 세부설명이 적으면 수평으로, 많으면 수직으로 배치하는 것이 좋습니다.

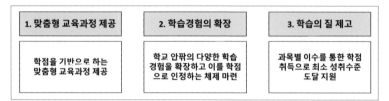

▲ 수평으로 배치한 목록형 도해

교육부	• 기본계획 수립 • 법령 개정/정책 홍보/예산 지원
시·도 교육청	• 연구·선도학교 운영 계획 수립 • 지역 특색 운영 모형 개발·적용 • 인프라 구축 지원 (교원, 시설 등)
지원센터 (직능원)	• 연구·선도학교 운영 관리, 모니터링 • 학점제 운영 모형 연구, 과제 제시 • 현장 소통의 장 마련 (협의회, 컨설팅)
연구·선도학교	• 직업계고 학점제 운영 모형 적용 • 우수 운영 사례 및 개선과제 도출 • 구성원 및 관계자 인식제고

▲ 수직으로 배치한 목록형 도해

잠 깐 만 요 ✔ 단순한 형태의 도해는 정렬과 배치가 더 눈에 잘 띌 수밖에 없습니다. 파워포인트 그리기 도구 서식의 [맞춤] 기능을 이용해 간격을 동일하게 정리합니다.

다음은 목록형 도해를 활용해 중심개념과 상세설명을 표현한 사례입니다.

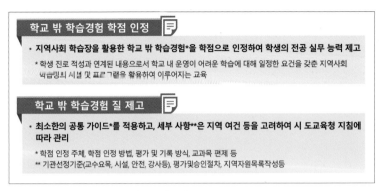

▲ 중심개념과 상세설명으로 구성된 목록형 도해

단계형 도해

다음은 일정에 따른 업무 프로세스와 단계별 주요 업무를 한눈에 파악할 수 있는 단계형 도해입니다. 각각의 일정과 업무 단계에 따른 세부내용을 아래에 배치해 업무의 시작에서 마지막 단계까지의 흐름을 한눈에 파악할 수 있습니다.

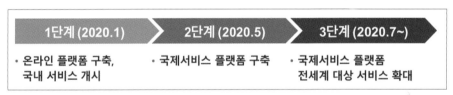

▲ 시간의 흐름에 따른 단계형 도해

▲ 업무 프로세스에 따른 단계형 도해

잠깐만요 ✔ 파워포인트의 〈화살표: 오각형〉, 〈화살표: 갈매기형 수장〉 도형을 이용해 단계적 변화를 표현합니다.

다음은 단계형 도해를 활용해 일정과 업무 프로세스를 함께 나타낸 도해입니다.

▲ 일정과 업무 프로세스가 있는 단계형 도해

다음은 프로세스의 흐름을 오른쪽 화살표로 표현한 사례입니다. 단계별 도해는 과정의 전개나 흐름을 표현할 때 사용하며 시선을 원하는 방향으로 이끌 수 있는 도형을 함께 사용하는 것이 좋습니다.

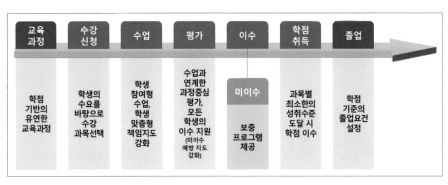

▲ 일정 프로세스가 있는 단계형 도해

계층형 도해

다음은 상위의 중심개념이 하위요소로 나뉘는 형태의 계층형 도해입니다. 이러한 도해는 피라미드 로직트리와 같은 형태로, 중심개념이 하위요소로 분기합니다. 계층형 도해는 피라미드 구조의 조직도에서 많이 활용되는 도해로, 전체 구조에서 상위계층과 하위계층의 관계를 한눈에 파악할 수 있습니다. 상위계층은 한 개의 요소만 있으며, 하위계층은 필요에 따라 좀 더 세분화될 수 있습니다.

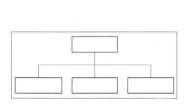

▲ 계층형 도해의 기본 형태

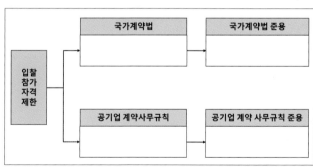

▲ 계층형 도해를 활용한 조직도

로직트리 형태의 계층형 도해는 논리적인 문제해결 도구로 활용되며 전체 흐름이 한눈에 들어오기 때문에 보고 대상을 설득하기 쉽습니다. 이런 로직트리 형태의 계층형 도해는 한쪽 끝에 중심개념을 배치하고 한 방향으로 뻗어 나가며 세분되는 여러 개의 하위요소를 배치함으로써 중심개념과 하위요소의 구체적인 내용을 통해 문제를 분석하거나 해결과제를 도출할 수 있습니다.

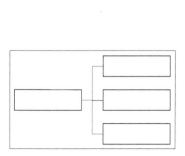

▲ 계층형 로직트리 도해의 기본 형태

▲ 문제해결을 위한 계층형 로직트리 도해

다음은 계층형 도해를 활용해 논리적인 분석을 표현한 사례입니다.

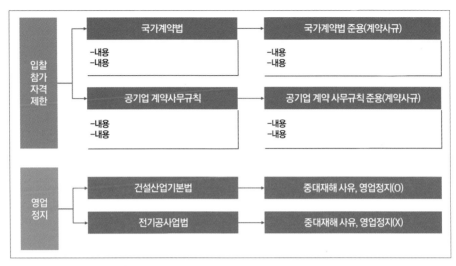

▲ 논리적인 분석을 표현한 계층형 도해

상승형 도해

다음은 아래의 하위요소가 위의 중심개념을 향하는 상승형 도해입니다. 이 도해는 목표나 비전 등을 지향하는 중심개념을 나타낼 때 유용합니다. 다음 예시는 하위요소를 통해 무결점을 목표로 하겠다는 의지를 나타내고 있습니다. 이러한 상승형 도해는 삼각형이나 화살표를 사용해 지향하는 바를 향하도록 배치합니다.

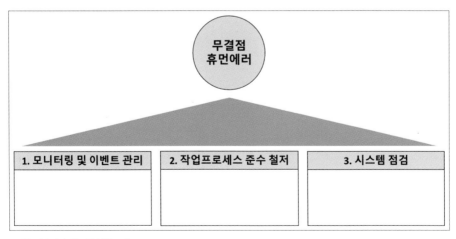

▲ 목표를 나타내는 상승형 도해

다음은 하단의 네 가지 세부과제가 세 가지 목표를 거쳐 하나의 비전을 향해 나아가는 상승형 도해입니다. 보통 하단의 하위요소에는 구체적인 내용을 배치하고 위로 향할수록 중요한 내용을 요약해 정리합니다. 상승형 도해는 삼각형이나 화살표 등을 사용해 시선이 아래에서 위로 흐르도록 유도하고 마지막으로 상단의 중심개념에 도달하도록 하는 것이 중요합니다.

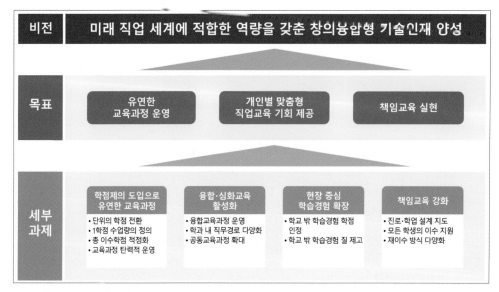

▲ 비전을 나타내는 상승형 도해

다음은 상승형 도해를 활용해 비전과 목표를 표현한 사례입니다.

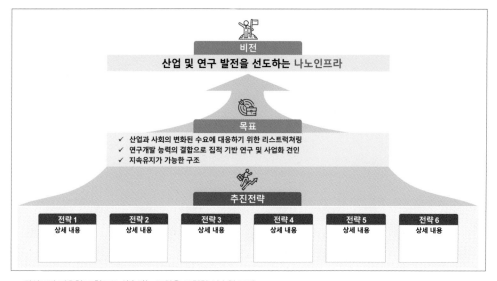

▲ 화살표와 자유형 도형으로 상승하는 모양을 표현한 상승형 도해

순환형 도해

PDCA 순환형 도해는 Plan(계획) – Do(실행) – Check(평가) – Act(개선)의 4단계를 반복해 업무를 개선하고 최고의 성과를 내기 위한 기법으로, Plan(계획), Do(실행), Check(평가), Act(개선)의 순환을 표현한 도해입니다. 각각의 요소가 순차적으로 영향을 미치며 반복되는 형태로, 이를 '순환형 도해'라고 합니다. 순환하는 형태를 나타낼 때는 주로 화살표를 사용하며 파워포인트의 Smart Art 기능을 이용하면 순환형 도해를 쉽게 만들 수 있습니다.

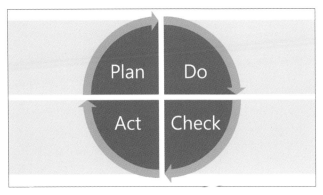

▲ PDCA 순환형 노해

잠깐만요✔ 파워포인트의 Smart Art 기능을 이용해 순환형 도해를 만드는 방법은 87쪽을 참고하세요.

다음은 순환형 도해를 활용해 논리적인 분석을 표현한 사례입니다.

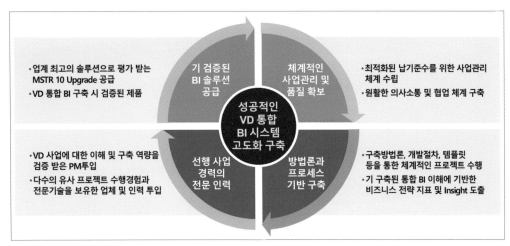

▲ 여러 요소가 영향을 주고받는 순환형 도해

방사형 도해

다음은 하나의 중심개념이 여러 개의 세부요소에 둘러싸인 형태의 방사형 도해입니다. 다음 도해는 '사업관리방법론'이라는 중심개념에서 확산된 여러 세부요소를 표현한 도해로, 중심개념에서 파생된 세부요소를 한눈에 파악할 수 있습니다.

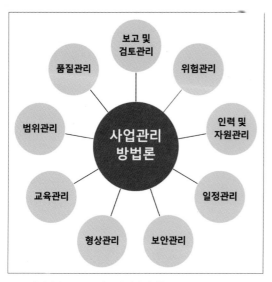

▲ 중심개념이 세부요소에 둘러싸인 방사형 도해

다음은 방사형 도해를 활용해 중심요소와 세부요소를 표현한 사례입니다.

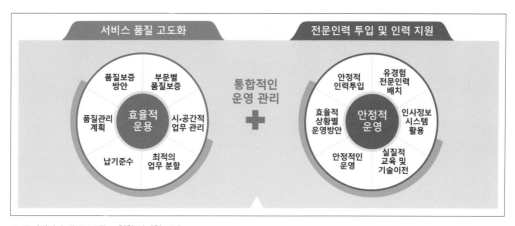

▲ 중심개념과 세부요소를 표현한 방사형 도해

파워포인트로 **순환형 도해** 만들기

파워포인트의 [SmartArt]에서 제공하는 기본 도해를 변형하면 원하는 도해를 쉽게 만들 수 있습니다. 이번
에는 순환형 도해를 만들어 보겠습니다.

① 파워포인트를 실행한 후 메뉴의 [삽입] - [SmartArt]를 차례대로 선택합니다.

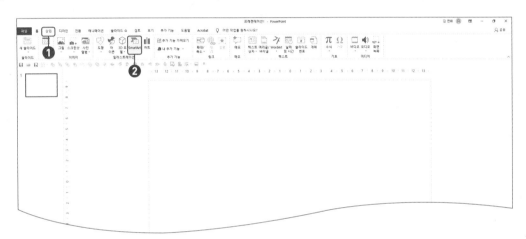

② [SmartArt 그래픽 선택] 대화상자에서 [주기형] - [세그먼트주기형]을 차례대로 선택한 후 [확
인]을 클릭하면 슬라이드에 SmartArt가 삽입됩니다.

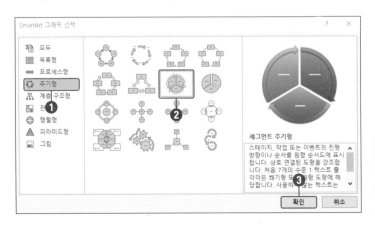

잠깐만요 ✔ SmartArt 미리보기
이미지 위에 마우스 커서를 올려놓
으면 해당 SmartArt의 이름이 표시
됩니다.

③ 삽입된 SmartArt를 클릭하면 텍스트 입력창이 표시됩니다. 텍스트 입력창에 글머리기호로 구분된 [텍스트]를 클릭해 원하는 내용을 입력합니다. 텍스트 입력창에서 [Enter]를 누르면 새 수준의 텍스트 상자를 추가할 수 있고 총 일곱 개의 수준을 추가할 수 있습니다.

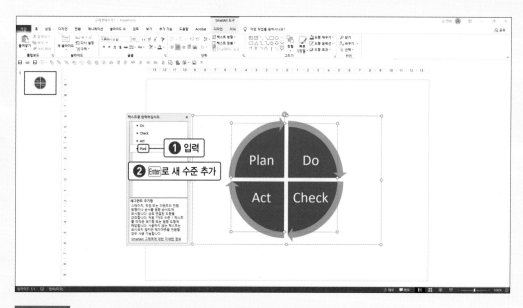

잠깐만요 ✔ 글머리기호로 구분된 [텍스트]를 클릭하면 삽입한 SmartArt 중 어떤 텍스트 상자인지 확인할 수 있습니다.

④ 각 단계의 세부 내용을 입력할 수 있는 텍스트 상자를 만들어 보겠습니다. 메뉴에서 [삽입] − [도형] − [직사각형]을 차례대로 선택한 후 직사각형 도형을 적당한 위치에 추가합니다.

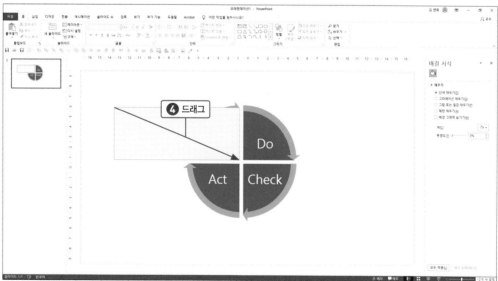

⑤ ④에서 추가한 직사각형 도형을 복사, 붙여 넣기해 다음 그림과 같이 배치한 후 [그리기도구] 탭의 [정렬] – [맨 뒤로 보내기]를 선택해 SmartArt의 뒤로 보냅니다.

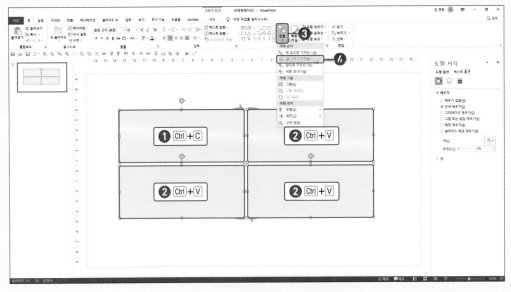

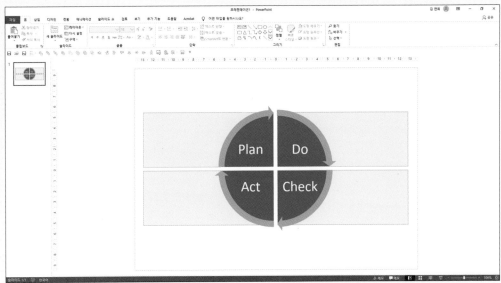

잠깐만요 ✔ 배치한 직사각형 도형이 선택된 상태에서 마우스 오른쪽 버튼을 클릭해 [맨 뒤로 보내기]를 선택해도 됩니다.

⑥ 뒤로 배치한 직사각형 도형에 텍스트를 입력한 후 왼쪽의 직사각형 도형과 오른쪽의 직사각형 도형을 각각 선택하고 메뉴의 [홈] - [단락] - [왼쪽 맞춤], [오른쪽 맞춤]을 선택하면 텍스트를 보기 좋게 정렬할 수 있습니다.

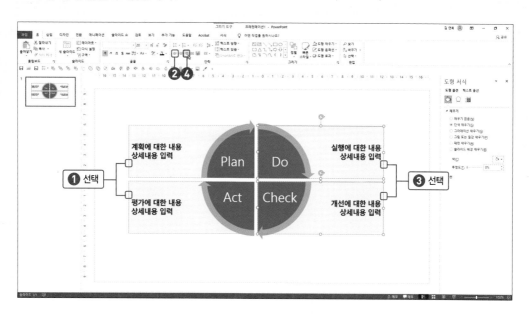

07 그래프를 사용해 **정보**를 **전달**하라

그래프는 수치의 변화를 시각적으로 표현해 수치의 비교나 변화를 분석하기가 편리합니다. 그래프는 통계자료가 많은 보고서에 활용도가 높습니다. 여기서는 가장 대표적인 막대형, 원형, 꺾은선형 그래프를 상황에 맞게 활용하는 방법을 알아보겠습니다.

막대형 그래프로 크기를 나타내라

막대형 그래프는 여러 항목의 크기나 변화를 쉽게 이해할 수 있습니다. 그래프의 세로축에는 데이터의 수치 값, 가로축에는 비교 대상의 항목을 표시합니다. 보고서에 막대형 그래프를 넣을 때는 그래프의 제목과 수치 값의 단위를 표시하는 것이 좋습니다.

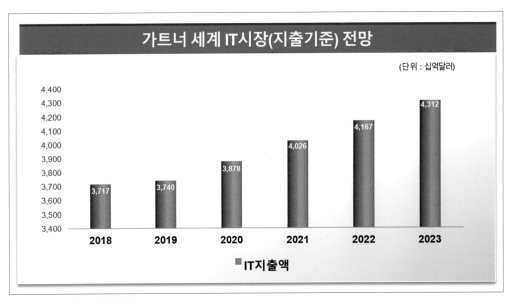

▲ 연도별 지출액을 나타낸 막대형 그래프

잠깐만요 ✔ 파워포인트의 [삽입] – [차트]에서 막대형 그래프를 쉽게 만들 수 있습니다.

원형 그래프로 비율을 나타내라

원형 그래프는 전체의 수량을 100으로 해 각 계열의 비율을 퍼센트로 나타낸 그래프입니다. 계열의 모든 비율의 총합은 100이 돼야 합니다. 원형 그래프에서 가장 높은 비율의 계열을 시계 방향에 맞춰 높은 수치에서 낮은 수치로 배치되게 함으로써 한눈에 비율이 높은 순서에서 낮은 순서대로 나타나도록 합니다.

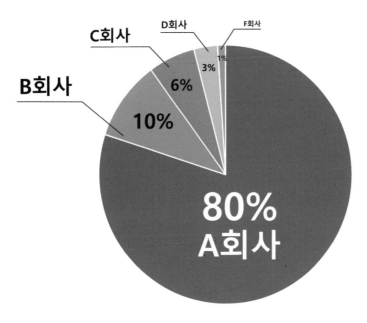

▲ 높은 비율을 시계 방향으로 배치한 원형 그래프

잠깐만요✔ 원형 그래프를 만들 때 데이터를 내림차순으로 정렬하면 비율이 큰 순서대로 배치됩니다.

꺾은선형 그래프로 시간에 따른 추이를 나타내라

꺾은선형 그래프는 시간의 흐름에 따른 데이터의 변화를 파악하는 데 편리하므로 장기적인 추세를 예측할 때 자주 사용합니다. 꺾은선형 그래프에는 범례상자를 따로 배치하기도 하지만, 범례상자 대신 그래프 안에 항목 이름을 넣어 시선을 분산시키지 않고 그래프에 집중하게 할 수도 있습니다. 이때 항목의 이름은 꺾은선과 최대한 가까이 배치해야 합니다.

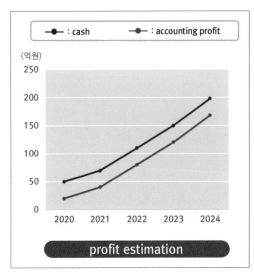

▲ 범례상자가 있는 꺾은선형 그래프

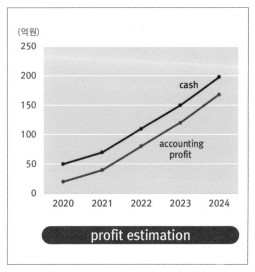

▲ 항목 가까이에 범례를 배치한 꺾은선형 그래프

전문가의 조언

기본 도형으로 직관적인 그래프 만들기

막대형 그래프는 파워포인트의 차트 삽입 기능을 이용해 쉽게 만들 수 있습니다. 하지만 기본 도형을 활용하면 더욱 직관적인 그래프를 만들 수 있습니다. 오른쪽 막대형 그래프는 세로축의 수치값을 과감하게 생략해 복잡해 보일 수 있는 요소를 제거한 후 항목의 수치 값과 증감률을 각각 텍스트 상자와 원 도형에 입력하고 화살표를 배치해 강조했습니다.

▲ 파워포인트의 기본 도형으로 만든 막대형 그래프

기본 도형으로
직관적인 그래프 만들기

파워포인트의 기본 도형을 활용해 선 그래프를 만들어 보겠습니다.

① 파워포인트를 실행한 후 메뉴의 [삽입] – [도형] – [양쪽 모서리가 둥근 사각형]을 선택해 적당한 위치에 삽입합니다.

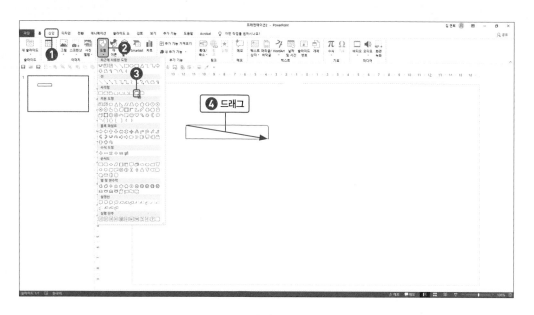

② 메뉴의 [삽입] – [도형] – [직사각형]을 선택해 둥근 위쪽 모서리 도형의 바로 아래에 직사각형 도형을 배치합니다.

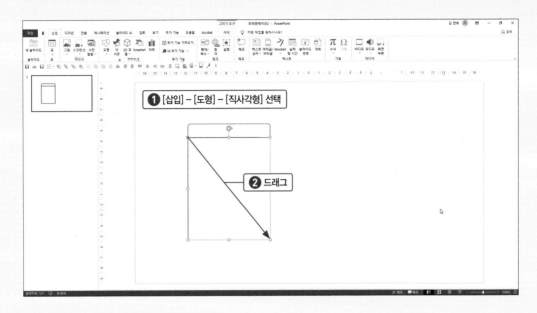

③ 같은 방법으로 '직사각형'과 '타원', '직선' 도형을 다음 그림과 같이 배치합니다.

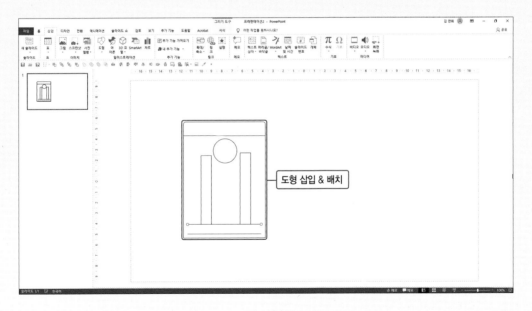

④ 그래프 제목, 데이터 레이블, 범례 등의 텍스트를 입력합니다.

잠깐만요 ✔ '타원', '직사각형'과 같이 닫힌 형태의 도형은 바로 텍스트를 입력할 수 있지만, '선'과 같이 닫힌 형태가 아닌 도형은 메뉴에서 [삽입] – [텍스트 상자]를 선택해 텍스트를 삽입하면 됩니다.

⑤ 각 도형을 선택한 후 배경과 강조하고 싶은 항목이나 요소를 적절하게 배색하면 기본 도형만으로 그래프를 만들 수 있습니다.

잠깐만요 ✔ 그래프의 요소를 배색하는 방법은 151쪽을 참고하세요.

파워포인트 도형으로
새로운 화살표 만들기

파워포인트의 기본 도형을 사용하면 그래프의 강조 요소로 활용할 수 있습니다. 여기서는 기본 도형의 점 편집 기능으로 새로운 형태의 화살표를 만들어 보겠습니다.

① 파워포인트의 메뉴에서 [삽입] – [도형] – [위로 구부러진 화살표]를 선택한 후 슬라이드에 삽입합니다.

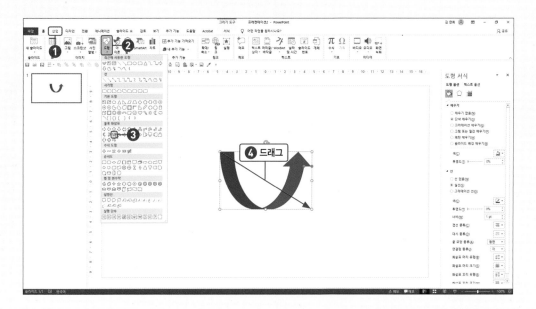

② 삽입한 도형을 마우스 오른쪽 버튼으로 선택한 후 [점 편집]을 선택합니다.

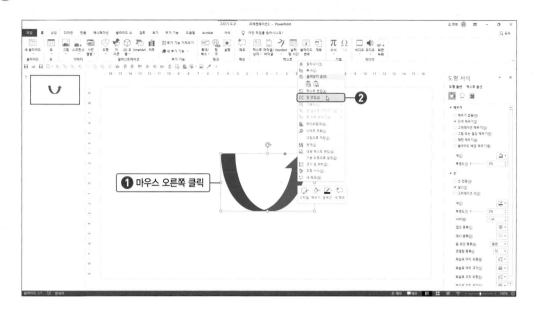

③ [점 편집]을 선택하면 도형 주변에 검은색 조절점이 표시됩니다. 이 조절점을 클릭하면 원하는
방형으로 드래그하거나 삭제해 도형을 원하는 형태로 편집할 수 있습니다. 여기서는 조절점을
삭제해 편집하는 방법을 알아보겠습니다.

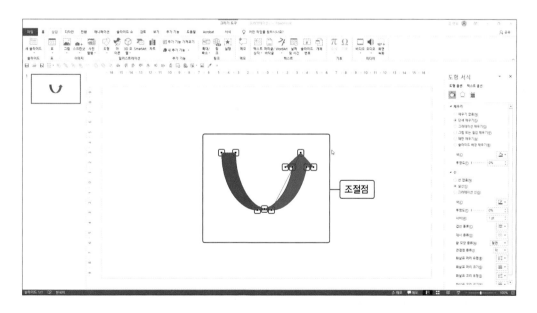

④ 도형의 조절점을 마우스 오른쪽 버튼으로 선택한 후 [점 삭제]를 선택합니다. 이와 같은 방법으로 조절점을 삭제합니다.

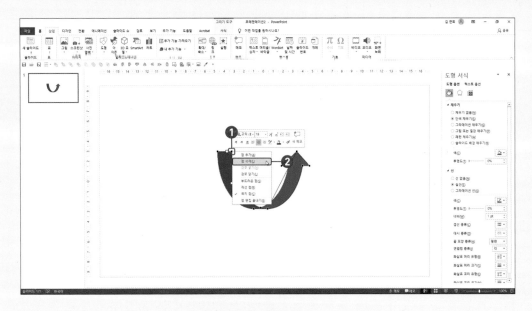

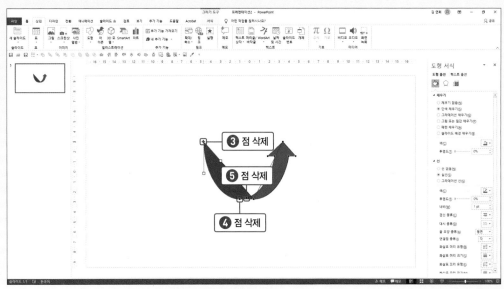

⑤ ④와 같은 방법으로 조절점을 삭제하면 다음과 같은 모양의 도형으로 편집할 수 있습니다.

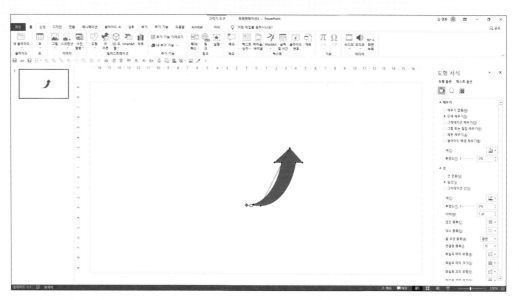

⑥ 편집한 도형은 다음과 같이 강조 요소로 활용할 수 있습니다.

4 단계

시각

B U I

시각적으로 보기 좋은 보고서란, 단순히 예쁘기만 한 것이 아니라 보고 대상이 필요한 정보를 쉽게 이해할 수 있는 것을 말합니다. 보고서는 설득을 위한 도구로, 시각적으로 보기 좋은 보고서를 만들기 위해서는 무의미한 요소를 없애고 유의미한 요소로만 구성해야 합니다. 복잡한 요소를 생략하고 정돈해 핵심만 드러나도록 하려면 보고서를 구성하는 텍스트, 표, 차트, 이미지 등을 보고서 디자인의 기본원리에 맞춰 배치해야 합니다. 이번에는 보고서의 구성 요소를 시각적으로 돋보이게 하는 방법을 알아보겠습니다.

01 | 보고서 디자인의 기본원리 ① 통일

시각적으로 보기 좋은 보고서는 보고서의 구성 요소가 일정한 규칙을 갖고 하나의 주제로 연결돼 있어야 합니다. 프레젠테이션형 보고서는 슬라이드에 배치한 이미지나 도형, 배색 등으로 시각적인 통일감을 줄 수 있다는 장점이 있습니다.

통일: 반복과 연속성으로 전체를 통일하라

보고서가 시각적으로 통일돼 있으면 하나의 주제로 연결돼 있다는 느낌을 줍니다. 만약 여러 구성 요소가 규칙 없이 나열돼 있다면 무질서하고 혼란스러운 느낌을 주죠. 다음은 야생조류 유리충돌에 관한 프레젠테이션형 보고서의 일부로, 제목과 간지, 내용 슬라이드로 구성돼 있으며 각 슬라이드는 모두 하나의 주제로 연결돼 있습니다.

▲ 시각적 통일감을 준 프레젠테이션형 보고서

제목과 간지 슬라이드를 살펴보면 핵심 주제인 야생조류 유리충돌과 관련된 이미지를 배경으로 사용했고, 같은 위치에 배치한 사각형 박스의 텍스트만 바뀌고 있습니다.

▲ 같은 위치에 배치한 텍스트

내용 슬라이드 역시 연한 회색 배경의 텍스트 상자를 같은 위치에 배치해 동일감을 줬고 각 슬라이드의 내용도 타원 도형을 사용해 주요 키워드를 표현했습니다. 타원 도형을 반복해 사용함으로써 슬라이드에 통일감을 준 사례입니다.

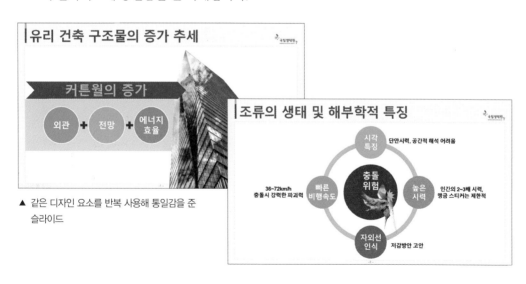

▲ 같은 디자인 요소를 반복 사용해 통일감을 준 슬라이드

다른 슬라이드도 살펴보겠습니다. 다음 내용 슬라이드는 내용과 관련된 이미지를 같은 위치에 세로로 배치했고 이미지와 관련된 연구 결과를 표를 이용해 같은 색상으로 정리했습니다.

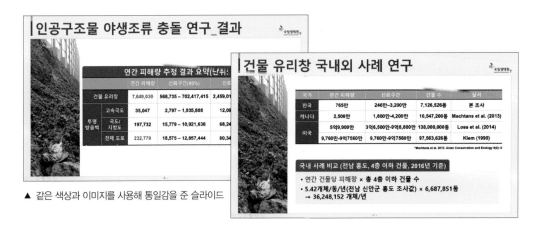

▲ 같은 색상과 이미지를 사용해 통일감을 준 슬라이드

이렇게 같은 구성 요소를 동일한 위치에 배치하면 시각적인 통일성을 유지할 수 있습니다. 그 이유는 보고서의 전체적인 내용이 하나의 공통된 주제를 갖고 있다는 것을 나타내 좀 더 안정된 느낌을 줄 수 있기 때문입니다.

다음은 배색으로 통일감을 준 프레젠테이션형 보고서로, 회색과 노란색을 주요 색으로 사용했기 때문에 로고의 색상과도 잘 어울리고 전체 슬라이드가 하나로 연결된 느낌을 줍니다. 색상은 보고서에서 눈에 가장 먼저 눈에 띄는 요소로, 슬라이드에 통일감을 주는 데 큰 역할을 합니다.

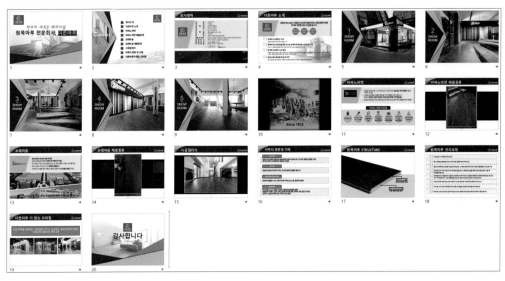

▲ 회사 로고 색상을 사용해 통일감을 준 슬라이드

02 | 보고서 디자인의 기본원리 ② 배치

보고서의 구성 요소는 대부분 복잡하거나 많은 정보를 담고 있습니다. 이때 많은 정보를 시각적으로 정리하기 위해서는 보고서의 구성 요소를 한눈에 잘 들어오도록 배치해야 합니다.

배치: 근접하거나 분리되도록 배치하라

보고서에 사용한 요소를 안정감 있게 배치하기 위해서는 필요 없는 요소는 정리하고 유의미한 요소만 그룹으로 묶어야 합니다. 한정된 크기의 보고서 안에 관련된 요소끼리는 근접하도록 배치하고 관련 없는 요소는 분리해 배치하면 각 요소의 시각적인 연결고리가 분명해집니다.

Before는 문장 서술형 보고서의 일부로, 왼쪽에는 키워드, 오른쪽에는 키워드에 대한 세부사항을 정리했습니다. 각각의 키워드와 세부사항이 모두 비슷한 너비로 떨어져 있어 시선을 집중해야 할 요소가 눈에 잘 띄지 않습니다.

▲ 키워드와 세부사항이 비슷한 너비로 배치된 슬라이드

After는 키워드와 관련된 세부사항은 근접하게 배치하고 각각의 키워드는 분리해 배치했습니다. 각 키워드, 세부사항, 구성 요소가 그룹으로 묶여 있어 시선을 집중할 수 있고 내용도 쉽게 이해할 수 있습니다.

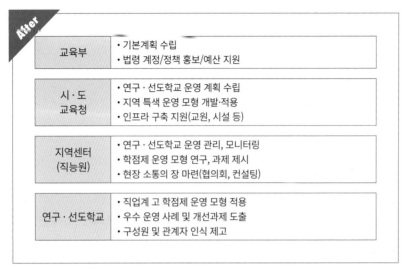

▲ 키워드와 세부사항을 근접·분리 배치한 슬라이드

이렇게 서로 관련 있는 구성 요소는 그룹으로 묶어 배치하고 비교 대상이나 의미가 다른 구성 요소는 분리해 배치하면 구성 요소가 많아지더라도 시선을 집중시킬 수 있습니다.

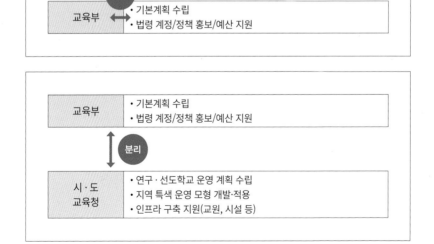

배치: 안정감 있는 구도로 배치하라

직사각형 형태의 보고서는 구성 요소의 배치가 조금만 흐트러져도 금방 눈에 띌 수밖에 없습니다. 그렇기 때문에 보고서의 구성 요소를 안정감 있게 배치하는 것이 중요합니다. 혼란스럽게 배치된 구성 요소는 보기에도 불편하고 보고서의 내용 역시 이해하기 어렵습니다. 안정감을 줄 수 있는 대표적인 구도의 예로는 수평형, 수직형, 방사형, 좌우대칭형을 들 수 있습니다.

먼저 수평 구도부터 살펴보겠습니다. 수평형 구도는 가로 너비가 넓은 직사각형 슬라이드에서 가로축을 중심으로 배치하기 때문에 안정감을 줍니다.

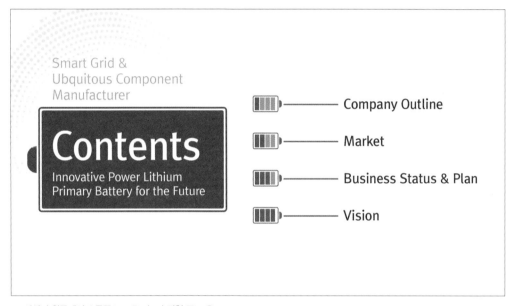

▲ 시선이 왼쪽에서 오른쪽으로 흐르는 수평형 구도 ①

수평형 구도는 시선이 왼쪽에서 오른쪽으로 자연스럽게 흐르기 때문에 안정적입니다. 가로 사이즈가 넓은 프레젠테이션형 보고서에서 가장 많이 볼 수 있는 형태입니다. 수직형 구도와 수평형 구도 중 어떤 구도를 적용하는 것이 좋을지 모르겠다면 키워드에 포함된 내용을 수직이나 수평으로 배치했을 때 눈에 더 잘 들어오는 구도를 선택해 사용하면 됩니다.

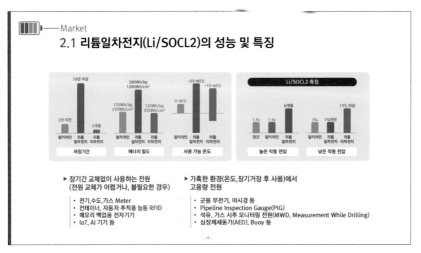

▲ 시선이 왼쪽에서 오른쪽으로 흐르는 수평형 구도 ②

다음은 프레젠테이션형 보고서의 일부로, '회사개요', '주요사업', '재무현황'의 세 가지 키워드와 키워드에 포함된 내용을 짧게 열거해 수직으로 배치했을 때 내용이 눈에 더 잘 들어오고 각각의 키워드를 비교하는 데 적합한 수직 구도를 적용한 사례입니다.

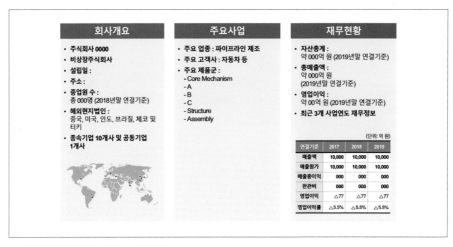

▲ 시선이 위에서 아래로 흐르는 수직형 구도

방사형 구도는 중심에 배치한 키워드에서 세부 항목이 뻗어 나가는 형태로, 키워드와 세부 항목이 서로 밀접하게 연결돼 있다는 것을 표현하기에 적합합니다.

다음은 프레젠테이션형 보고서의 일부로, '기업이익증가'라는 키워드를 슬라이드의 중심에 배치하고 주변에 '프로세스 개선', '비효율 사례 적발', '부정의 예방'을 배치해 중앙의 키워드와 주변의 세부 항목이 서로 밀접하게 연결돼 있다는 것을 알 수 있습니다. 다음 보고서를 수평형이나 수직형 구도로 배치했다면 키워드와 세부 항목이 연결돼 있다는 느낌이 덜 했을 것입니다.

▲ 키워드와 세부 항목의 관계를 표현한 방사형 구도

좌우대칭형 구도는 세로 중심축을 기준으로 양쪽에 내용을 균등하게 배치해 안정감을 줍니다. 프레젠테이션형 보고서에서 많이 볼 수 있는 좌우대칭형 구도는 여러 개의 키워드와 세부 항목이 서로 상하 관계로 연결돼 있을 때 적합합니다.

▲ 안정감 있는 좌우대칭형 구도

파워포인트에서 **줄 간격 조절**하기

보고서에 긴 문장이 여백 없이 정리돼 있으면 내용이 한눈에 들어오지 않습니다. 파워포인트의 [단락] 대화상자를 이용해 문장의 줄 간격을 조절하는 방법을 알아보겠습니다.

① 텍스트 상자를 삽입해 원하는 내용을 입력한 후 메뉴의 [홈] 탭에서 [줄 간격] – [줄 간격 옵션]을 차례대로 선택합니다.

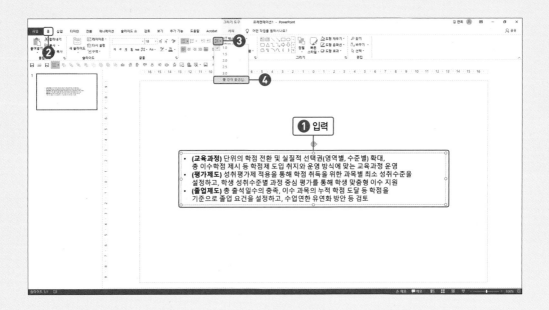

② [단락] 대화상자의 기본 설정은 단락 앞 '0pt', 줄 간격 '1줄'입니다.

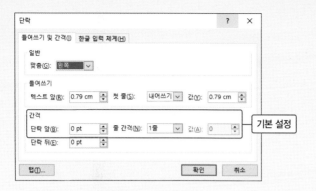

③ [단락] 대화상자에서 단락 앞은 [12pt], 줄 간격은 [고정], 값을 [26pt]로 각각 변경한 후 [확인]을 클릭하면 줄 간격이 보기 좋게 조절됩니다.

03 | 보고서 디자인의 기본원리 ③ 정렬

보고서의 구성 요소를 정렬하면 다양한 구성 요소의 시각적인 결속력을 강화할 수 있고 복잡해 보이지 않습니다. 이번에는 보고서의 구성 요소를 정렬하는 방법을 알아보겠습니다.

보고서에 포함된 구성 요소는 각각의 요소를 질서 있게 정렬·배치해야 합니다. 구성 요소가 서로 연결돼 있다는 것을 표현하기 위해서는 보이지 않는 가상의 수평선과 수직선을 의식하며 구성 요소를 정돈하는 습관이 필요합니다.

다음과 같이 'TITLE'과 'TEXT'가 질서나 규칙 없이 배치돼 있다면 시각적으로 혼란스러울 수밖에 없습니다. 하지만 가상의 수직선을 기준으로 'TITLE'과 'TEXT'를 정렬하면 구성 요소의 결속성이 강화돼 시선을 집중할 수 있습니다.

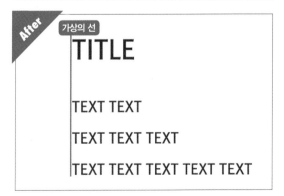

잠깐만요✔ 파워포인트의 [정렬] 기능을 활용하면 구성 요소를 쉽게 정렬할 수 있습니다.

다음은 프레젠테이션형 보고서의 제목 슬라이드로, 가상의 수평선과 수직선을 기준으로 텍스트가 질서 있게 배치돼 있습니다. 제목 슬라이드에서 제목이 두 줄 이상일 경우, 주로 왼쪽 정렬을 하게 되는데, 이때 슬라이드의 가장 왼쪽에 있는 가상의 선을 기준으로 정렬하면 안정감을 줄 수 있습니다. 다음 예시 역시 슬라이드 아래의 로고와 제목을 가상의 선을 기준으로 정렬해 질서를 강화한 사례입니다.

▲ 가상의 선을 기준으로 로고와 제목을 정렬한 슬라이드

다음 슬라이드는 제목과 텍스트 상자, 이미지가 가상의 가로선과 세로선을 기준으로 정렬돼 있어 정돈된 느낌을 줍니다.

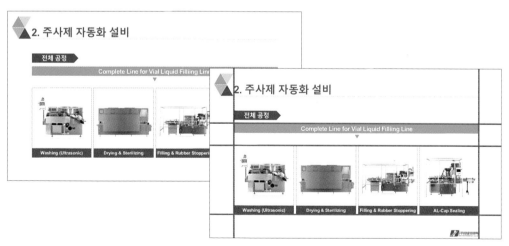

▲ 가상의 선을 기준으로 제목과 구성 요소를 정렬한 슬라이드

도형을 많이 사용하는 프레젠테이션형 보고서는 구성 요소를 정렬했을 때 깔끔하고 정돈된 느낌을 줍니다. 다음 프레젠테이션형 보고서 또한 구성 요소를 계획적으로 정렬했기 때문에 깔끔한 인상을 줍니다.

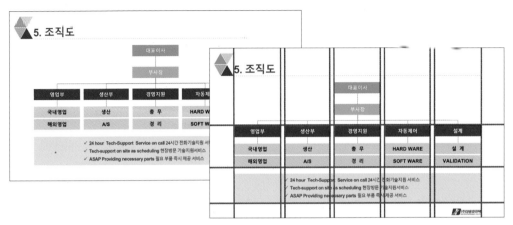

▲ 가상의 선을 기준으로 구성 요소를 정렬한 슬라이드

전문가의 조언

구성 요소의 간격을 항상 체크하라

프레젠테이션형 보고서의 구성 요소를 동일한 간격으로 배치하면 시각적인 안정감을 극대화할 수 있습니다. 따라서 보고서의 구성 요소가 동일한 간격으로 배치됐는지 항상 확인해야 합니다. 파워포인트의 [그리기 도구] – [서식] – [맞춤] 메뉴에서 [가로 간격을 동일하게]나 [세로 간격을 동일하게]를 선택하면 구성 요소의 간격을 일정하게 유지할 수 있습니다. [맞춤] 기능에 대한 자세한 설명은 117쪽을 참고하세요.

◀ 가로 간격을 동일하게 배치한 슬라이드

◀ 세로 간격을 동일하게 배치한 슬라이드

파워포인트의 **맞춤 기능**으로
질서 있게 **정렬**하기

파워포인트의 맞춤 기능을 이용해 슬라이드의 구성 요소를 보기 좋게 정렬하는 방법을 알아보겠습니다.

① 파워포인트를 실행한 후 텍스트를 입력하고 정렬할 텍스트 상자를 선택한 다음 메뉴의 [그리기 도구] - [서식] - [맞춤] - [왼쪽맞춤]을 클릭합니다.

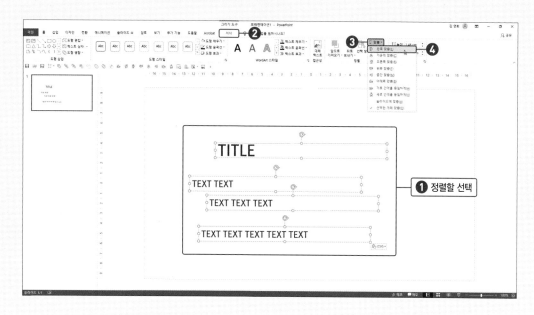

② [왼쪽 맞춤]을 클릭하면 선택한 텍스트 상자 중 가장 왼쪽의 텍스트 상자를 기준으로 정렬됩니다. 텍스트 상자가 가장 왼쪽을 기준으로 정렬됩니다.

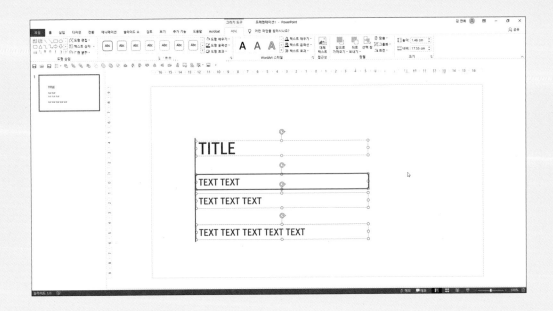

③ 다음과 같이 하위 요소에 해당하는 텍스트 상자를 모두 선택한 후 메뉴의 [그리기 도구] – [서식] – [맞춤] – [세로 간격을 동일하게]를 클릭합니다.

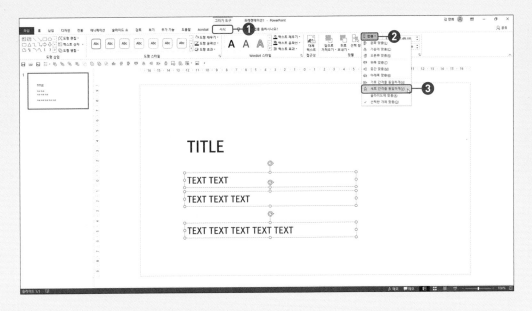

④ [세로 간격을 동일하게]를 클릭하면 선택한 텍스트 상자의 세로 간격을 동일하게 정렬할 수 있습니다.

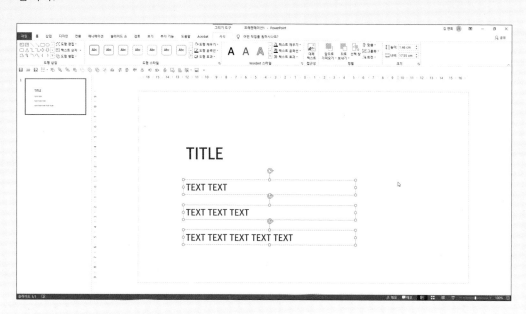

04 | 보고서 디자인의 기본원리 ④ 강조

보고서에서 강조란, 작성자가 의도한 부분이 눈에 띄도록 변화를 주는 것을 말합니다. 구성 요소가 많은 보고서에서 중요한 항목을 눈에 띄게 강조한다는 것은 보고 대상의 시선이 정보의 중요도를 따라 흐를 수 있도록 도와주는 것을 의미합니다.

강조: 크기 대비로 중요 항목을 강조하라

보고서에서 시각적인 강조란, 중요 항목이 다른 구성 요소와 대비되도록 변화를 주는 것입니다. 중요 항목은 보고서의 작성자가 강조하고 싶은 부분이자, 작성 의도가 담긴 부분입니다.

다음은 문장 서술형 보고서의 일부로, Before의 경우 제목과 중요 항목, 세부 항목이 모두 같은 글자 크기로 정리돼 있습니다. 모두 같은 글자 크기로 정리돼 있기 때문에 밋밋한 느낌을 줍니다.

Before

고교학점제 도입을 위한 추진 경과
- 「고교학점제 추진 방향 및 연구학교 운영 계획」발표('17.11.27.)
- 「고교교육 혁신방향」을 통한 학점제 추진 단계 제시('18.8.17.)
  ※ 학점제 도입 기반 마련('18~'21) → 제도 부분 도입('22~'24) → 본격 시행('25~)
- 고교 학사 분야별 고교학점제 정책연구 실시('18, '19)
  ※ 교육과정, 학생평가, 졸업제도, 교원, 시설, 학교문화 등
- 고교학점제 연구 선도학교 확대 운영('18년 105교 → '19년 354교)
  ※ 마이스터고 51개교('20) 중 현재 고교학점제 연구 선도학교 39개교(연구 8, 선도 31)
- 고교학점제 중앙추진단 구성 및 출범('19.2.)
  ※ 중앙추진단 4회 회의(2.13, 5.8, 5.31, 7.9), 실무추진단 5회(3.12, 3.28, 4.3, 4.4, 6.20)

▲ 같은 글자 크기로 정리된 슬라이드

After는 제목의 크기를 크게 키우고 글머리 기호로 구분된 키워드와 세부 항목의 글자 크기를 조절한 예입니다. 글자 크기를 조절해 시선이 자연스럽게 글자 크기의 순서대로 흘러가게 함으로써 시선을 보고서 작성자의 의도대로 유도할 수 있습니다.

고교학점제 도입을 위한 추진 경과

- 「고교학점제 추진 방향 및 연구학교 운영 계획」발표('17.11.27.)
- 「고교교육 혁신방향」을 통한 학점제 추진 단계 제시('18.8.17.)
  ※ 학점제 도입 기반 마련('18~'21) → 제도 부분 도입('22~'24) → 본격 시행('25~)
- 고교 학사 분야별 고교학점제 정책연구 실시('18, '19)
  ※ 교육과정, 학생평가, 졸업제도, 교원, 시설, 학교문화 등
- 고교학점제 연구 선도학교 확대 운영('18년 105교 → '19년 354교)
  ※ 마이스터고 51개교('20) 중 현재 고교학점제 연구 선도학교 39개교(연구 8, 선도 31)
- 고교학점제 중앙추진단 구성 및 출범('19.2.)
  ※ 중앙추진단 4회 회의(2.13, 5.8, 5.31, 7.9), 실무추진단 5회(3.12, 3.28, 4.3, 4.4, 6.20)

▲ 제목과 세부 항복을 다른 글자 크기로 정리한 슬라이드

다음은 프레젠테이션형 보고서의 일부로, 중요 항목인 '학생의 과목 선택권 강화'와 '학교 밖 경험 인정'이라는 제목이 먼저 눈에 들어오고 그다음으로 작은 글자 크기로 정리한 세부 항목의 요점이 눈에 들어옵니다. 이렇게 세부 항목 중 먼저 읽히길 원하는 부분만 글자 크기로 강조할 수도 있습니다. 프레젠테이션형 보고서를 작성하면서 텍스트를 길게 유지하고 싶다면 글자 크기로 강조해 보고 대상이 중요한 부분을 쉽게 찾아 내도록 할 수 있습니다.

학생의 과목 선택권 강화

- 학생 희망과목 조사 의무화, 타 교과군 과목 개설* 권장, 실무과목 능력단위 재구성 독려 등 학생의 과목 선택권 보장
  * (예) 음식·조리과 교육과정에 '경영·금융' 교과군의 '인사', '예산·자금', '마케팅과 광고'와 같은 과목을 개설하여 학생의 외식 경영에 대한 학습수요 충족

학교밖 경험 인정

- 학교 밖 교육·훈련 경험을 학점으로 인정하여 지역사회, 산업체, 전문기관 등 외부자원(인·물적)을 활용 극대화
  ※ 대학 연계 AP(대학과목 선이수제), 산업체 현장실습 등
  - 학교밖 경험의 학습 장소에 대한 질 기준(교육내용, 교수자, 학습환경, 실습기자재 등)을 마련하여 가이드로 제시
  ※ ('18~'19) 일반고, 직업계고 사례 검토 및 기준 마련 → ('20) 가이드 제공

▲ 다른 글자 크기와 색상의 대비로 강조한 슬라이드

강조: 색상 대비로 중요 항목을 강조하라

색상 대비를 활용해 중요 항목을 강조할 수도 있습니다. 다음 그래프에서는 오른쪽 네 개의 항목이 눈에 띕니다. 중요 항목은 진한 파란색, 나머지 항목은 연한 회색을 사용해 색상 대비로 중요 항목을 강조한 사례입니다.

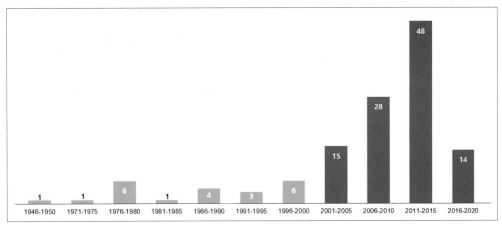

▲ 색상 대비로 중요 항목을 강조한 슬라이드

텍스트가 포함된 항목을 강조할 때는 주로 흰색 텍스트를 사용합니다. 텍스트의 배경색이 옅으면 텍스트가 희미하게 보이고 짙으면 선명해 보이기 때문에 옅은색과 중간색, 짙은색을 잘 활용하면 대비가 확실해져 슬라이드에 활기를 불어넣을 수 있습니다.

▲ 배경색에 영향을 받는 텍스트

05 보고서의 색상 구성

보고서에 어떤 색상을 사용하느냐에 따라 보고서의 인상이 달라집니다. 같은 파란색을 사용하더라도 배색에 따라 느낌이 달라지죠. 파란색의 색상 범위도 옅은 파란색부터 짙은 파란색까지 무척 넓기 때문에 색을 선택하기 어렵습니다. 여기서는 색의 속성을 이해하고 색을 선택하는 방법을 알아보겠습니다.

색상환으로 색의 기본을 이해하라

파워포인트의 색 상자를 이용하면 원하는 색상을 쉽게 골라 적용할 수 있습니다. 파워포인트의 색 상자를 활용하기 전에 색상의 기초지식인 색상환을 살펴보겠습니다. 다음은 10개의 색으로 구성된 10색상환입니다. 빨주노초파남보로 구성된 무지개를 떠올리면 쉽게 이해할 수 있을 것입니다.

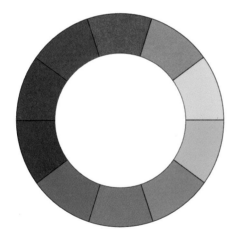

▲ 10색상환

잠깐만요 ✔ 채도는 '색의 맑고 탁한 정도'를 의미합니다. 색이 선명하고 맑아질수록 채도가 높아지고, 흐릿하고 탁해질수록 낮아집니다.

색상환 중에서도 서로 인접한 색은 '유사색', 서로 정반대에 있는 색은 '보색'이라고 합니다. 보고서에 유사색을 사용하면 튀지 않고 안정감을 줄 수 있어 보고서에 많이 사용합니다.

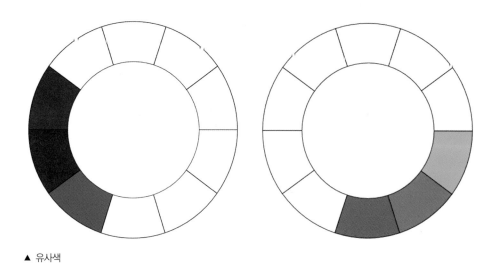

▲ 유사색

색상환에서 서로 마주 보는 위치에 있는 보색은 색의 대비가 가장 강하기 때문에 부분적으로만 사용하며 주로 보고서의 구성 요소를 강조할 때 사용합니다.

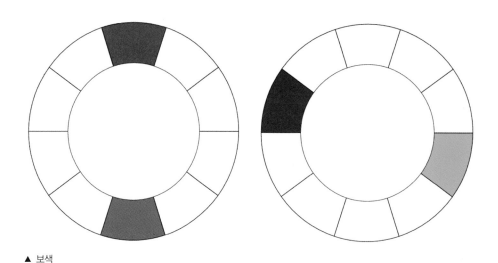

▲ 보색

파워포인트의 색 상자

파워포인트의 색 상자는 팔레트와 같이 원하는 색상을 쉽게 선택할 수 있는 도구입니다. 색 상자에 표시된 색상은 채도가 가장 높은 색의 위치입니다.

위에 표시된 색을 기준으로 가운데의 흰색에 가까워질수록 명도가 높고, 바깥쪽의 검은색에 가까워질수록 낮습니다. 요즘에는 회사의 대표 색상 한 가지를 정해 명도만 조절하면서 보고서를 작성하는 경우가 많은데, 이 방법은 색을 선택할 때 유용합니다. 하나의 대표 색상을 정한 후 파워포인트의 색 상자로 명도만 조절해 색을 선택하면 됩니다. 이렇게 한 가지 색의 명도만 조절해도 풍부한 색을 사용한 것과 같은 느낌을 줄 수 있습니다.

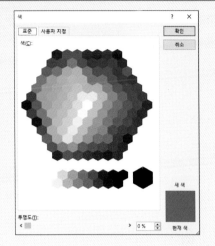

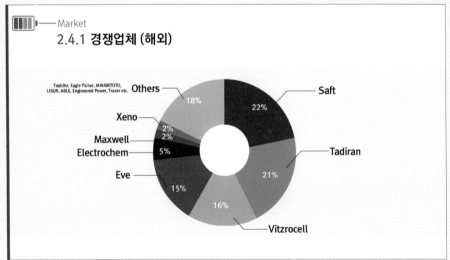

▲ 한 가지 색상의 명도를 조절한 보고서 예시

유사색으로 배색하라

유사색은 색상환에서 인접한 색으로, 색 변화의 차이가 크지 않아 배색하기 쉽고 안정감을 주기 때문에 보고서에서 많이 사용합니다.

다음은 프레젠테이션형 보고서의 일부로, 유사색인 파란색과 보라색을 배색한 예제입니다. 각각의 명도를 조절해 차분하면서도 지루함이 느껴지지 않도록 배색돼 있습니다

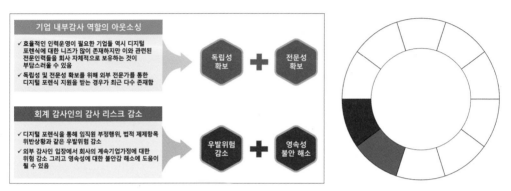

▲ 유사색의 배색 ①

다음은 유사색인 빨간색과 주황색을 배색한 프레젠테이션형 보고서의 일부로, 회사 로고 색상인 빨간색과 인접색인 주황색을 배색했습니다. 빨간색과 주황색의 명도와 채도를 조절해 차분하면서도 조화롭게 배색했습니다.

▲ 유사색의 배색 ②

유사색의 명도와 채도를 조절하면 다음 프레젠테이션형 보고서와 같이 다양한 색을 사용하지 않고도 조화롭게 배색할 수 있습니다.

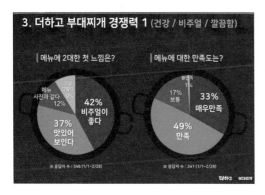 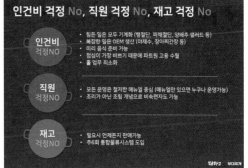

잠깐만요 ✔ 어두운 배경의 프레젠테이션형 보고서에는 채도가 높은 색상을 사용하는 것이 좋습니다.

다음은 유사색인 연두색, 녹색, 하늘색, 파란색으로 배색한 예제입니다. 네 개의 색상을 사용했지만, 색상환에서 인접해 있는 유사색이기 때문에 조화롭고 활력 있는 느낌을 줄 수 있습니다.

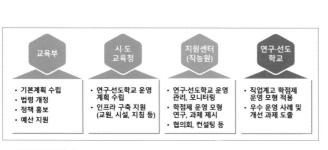 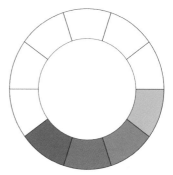

▲ 유사색의 배색 ③

보색을 사용해 강조하라

보색은 색상환에서 서로 정반대에 있는 색으로, 이를 보고서에 사용하면 색상 대비가 강하게 느껴집니다. 다음 예제는 프레젠테이션형 보고서의 일부로, 유사색인 파란색과 보라색으로 배색하고 두 색의 보색인 노란색을 사용해 오른쪽의 텍스트 상자를 강조한 사례입니다. 이렇게 보색을 부분적으로 사용하면 원하는 구성 요소를 강조할 수 있습니다.

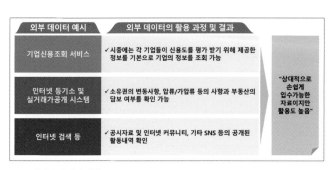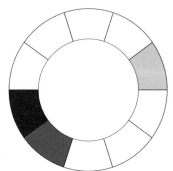

▲ 보색과 유사색의 배색

무채색을 활용하라

무채색은 보고서에서 활용도가 높습니다. 무채색은 검은색, 흰색, 회색 등과 같이 색상이나 채도가 없고 명도의 차이만 있는 색으로, 유채색을 강조하는 역할을 합니다.

보고서에는 무채색 중에서도 흰색과 회색을 많이 활용합니다. 눈에 잘 띄지 않으면서 유채색을 더욱 돋보이게 하는 역할을 하기 때문이죠. 다음은 빨간색을 주요 색으로 사용한 프레젠테이션형 보고서의 일부로, 보조색으로 밝은 회색과 어두운 회색을 활용했습니다. 이렇게 무채색을 보조색으로 배색하면 주요 색으로 배색한 유채색을 돋보이게 할 수 있습니다. 보조색을 무채색이 아닌 유채색으로 배색했다면 산만한 느낌이 들었을 것입니다.

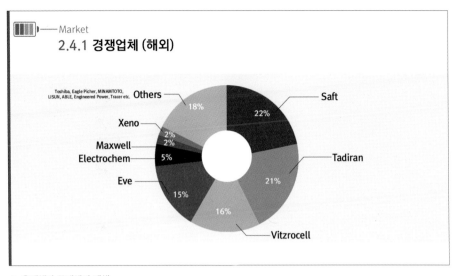

▲ 유채색과 무채색의 배색

또 다른 경우를 살펴보겠습니다. 다음은 명도가 높은 노란색을 주요 색으로 배색한 프레젠테이션형 보고서의 일부로, 주요 색인 노란색이 돋보이도록 보조색으로 배색한 회색의 명도를 다양하게 조절한 예시입니다. 채도가 높은 색상을 주요 색으로 배색할 경우, 회색을 보조색으로 배색하는 것이 좋습니다.

▲ 무채색의 명도를 조절해 배색한 예

회사 로고의 색을 활용하라

보통 회사 로고에 사용한 색은 회사 홈페이지나 명함 등 다양한 곳에 활용되므로 보고서에 사용할 색상을 결정할 때 회사 로고에 사용한 색을 활용하는 것도 좋은 방법입니다. 다음은 회사 로고에 사용된 색상을 활용한 프레젠테이션형 보고서의 일부로, 회사 로고에 사용한 연두색, 녹색, 파란색을 보고서의 주요 색으로 활용한 시례입니다.

▲ 로고 색상을 활용해 배색한 슬라이드 ①

보조색으로 무채색인 회색을 배색했고, 로고에 사용된 색상을 활용했기 때문에 보고서에 회사 로고를 배치했을 때도 잘 어울립니다.

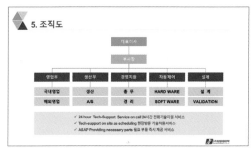

▲ 로고 색상을 활용해 배색한 슬라이드 ②

무작정 따라하기

파워포인트의 **색 상자**로 **명도 조절**하기

명도를 조절하면 한 가지 색상만 사용하더라도 보고서에 활기를 불어넣을 수 있습니다. 이번에는 파워포인트의 [색] 대화상자를 이용해 색의 명도를 조절하는 방법을 알아보겠습니다.

① 파워포인트를 실행한 후 다음과 같이 텍스트 상자를 삽입합니다.

② 슬라이드에 삽입한 텍스트 상자를 모두 선택한 후 메뉴에서 [그리기 도구] – [서식] – [도형 채우기] – [다른 채우기 색]을 차례대로 선택합니다.

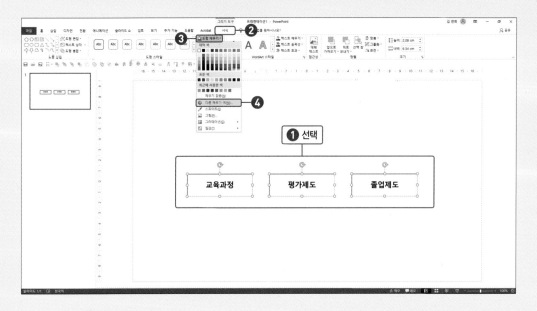

③ [색] 대화상자에서 [사용자 지정]을 누른 후 [육각]에 '#004F9E'를 입력하고 [확인]을 클릭합니다.

잠깐만요✔ [색] 대화상자에 [육각]이 표시되지 않으면 [빨강], [녹색], [파랑]에 각각의 값을 입력하면 됩니다.

④ 텍스트 상자의 색상이 변경됐습니다. 텍스트 색상도 배경색에 어울리도록 흰색으로 변경했습니다.

⑤ 슬라이드에 삽입한 텍스트 상자 중 가운데 텍스트 상자를 선택한 후 [그리기 도구] - [서식] -
[도형 채우기] - [다른 채우기 색]을 차례대로 선택합니다. [색] 대화상자가 표시되면 [사용자 지
정]을 선택하고 조절 바를 위로 드래그합니다. 새 색에 표시되는 색상을 확인하면서 적절한 색
상으로 변경한 후 [확인]을 클릭합니다.

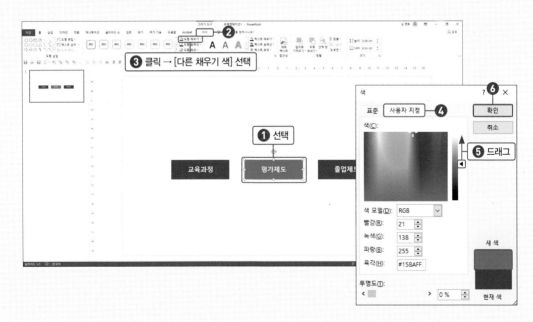

⑥ 다른 텍스트 상자도 조절 바를 드래그해 더 밝은 색으로 변경하고 [확인]을 클릭합니다.

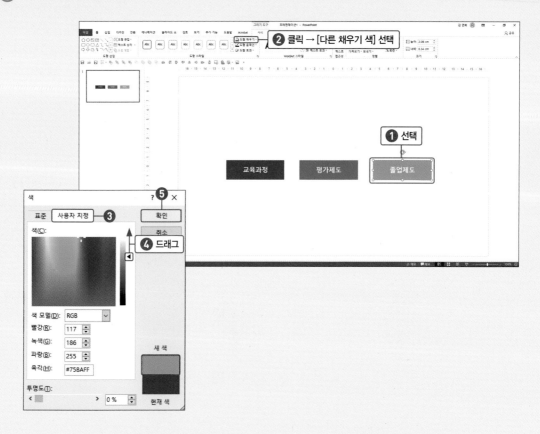

⑦ 이렇게 명도를 조절한 텍스트 상자는 다음과 같이 보고서에 적용할 수 있습니다.

교육과정	단위의 학점 전환 및 실질적 선택권(영역별, 수준별) 확대, 총 이수학점 제시 등 취지와 운영 방식에 맞는 교육과정 운영
평가제도	성취평가제 적용을 통해 학점 취득을 위한 과목별 최소 성취수준을 설정하고, 학생 성취수준별 과정 중심 평가를 통해 학생 맞춤형 이수 지원
졸업제도	총 출석일수의 충족, 이수 과목의 누적 학점 도달 등 학점을 기준으로 졸업 요건을 설정하고, 수업연한 유연화 방안 등 검토

파워포인트의 색 상자로 색상, 명도, 채도를 조절하라

파워포인트 [색] 대화상자의 [사용자 지정] 탭을 이용하면 원하는 색상을 선택해 색상의 명도와 채도를 조절할 수 있습니다.

[색] 항목의 상단에는 가장 맑고 선명한 색상이 표시됩니다. 이 부분의 색상은 보고서에 사용하기에 너무 강렬하기 때문에 명도와 채도를 조절하는 것이 좋습니다. [색] 항목에서 원하는 색상을 선택한 후 조절 바를 위아래로 드래그하면 명도를 조절할 수 있습니다. 조절 바를 위로 드래그할수록 명도가 높아지고, 아래로 드래그할수록 낮아집니다. 채도의 경우 색상자의 위에 가까울수록 채도가 높아지고 아래에 가까울수록 채도가 낮아집니다.

[색] 대화상자의 [표준] 탭을 선택하면 육각형의 팔레트에서 다양한 색상을 편리하게 선택할 수 있습니다. 이 육각형 팔레트의 가운데에 있는 흰색을 기준으로 다음과 같이 마름모꼴로 유사색이 정렬돼 인접색을 손쉽게 선택할 수 있습니다.

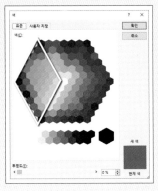

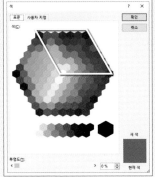

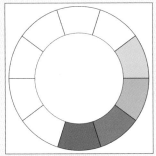

▲ 녹색과 노란색의 유사색

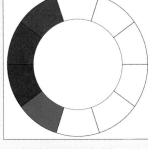

▲ 파란색과 보라색의 유사색

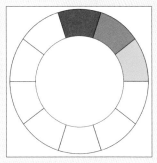

▲ 빨간색과 주황색의 유사색

로고에서 **색상 추출**하기

보고서는 회사 로고 색상과 어울리는 색상으로 배색하는 것이 좋습니다. 이번에는 파워포인트의 기본 기능을 사용해 로고에서 색을 추출하는 방법을 알아보겠습니다.

① 파워포인트를 실행한 후 메뉴에서 [삽입] – [그림] – [그림삽입]을 차례대로 선택한 후 회사 로고 이미지를 슬라이드에 삽입합니다.

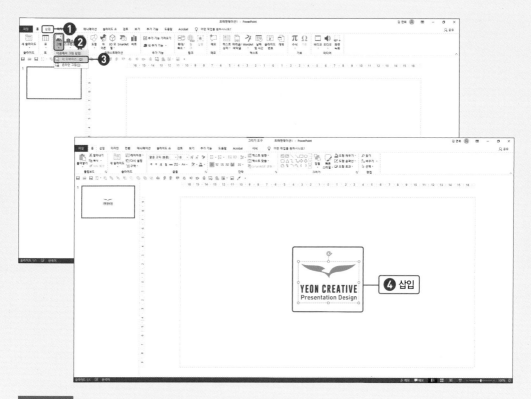

잠깐만요✔ 회사 로고를 예제로 사용하세요. png나 jpg 형식의 이미지를 사용하면 됩니다.

② 메뉴에서 [삽입] – [도형] – [직각삼각형]을 차례대로 선택한 후 슬라이드에 직각삼각형 도형을
삽입합니다.

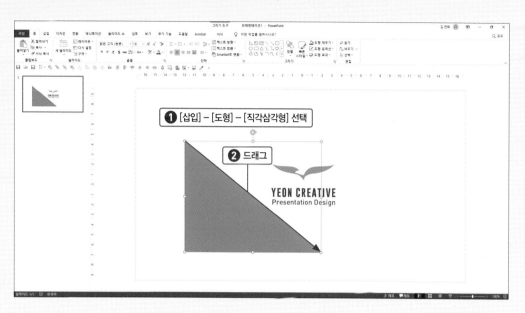

③ 삽입한 도형이 선택된 상태에서 [정렬] – [회전] – [좌우 대칭]을 클릭해 회전시킨 후 다음과 같이 배치합니다.

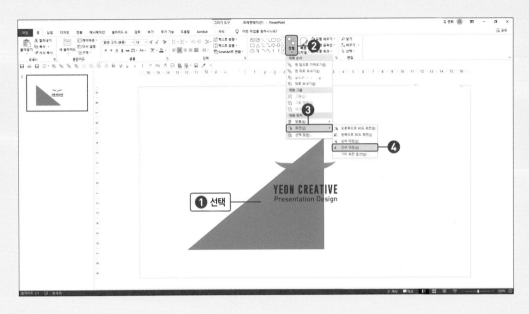

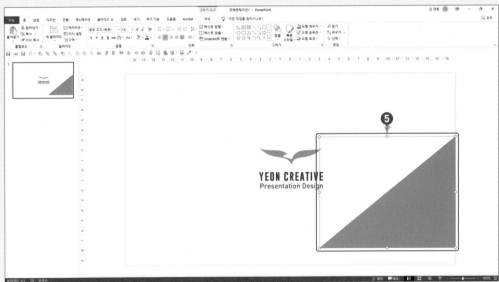

④ ③의 도형을 복사해 붙여 넣은 후 크기를 조절해 배치합니다.

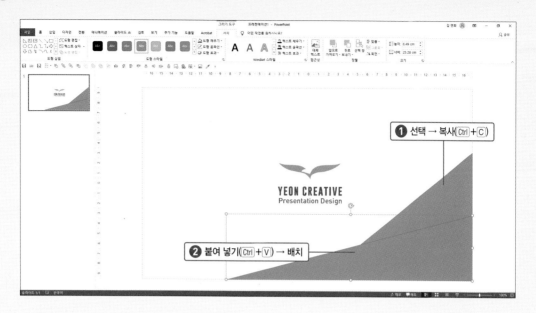

⑤ ③의 도형이 선택된 상태에서 메뉴의 [서식] – [도형 채우기] – [스포이트]를 차례대로 선택해
마우스 커서의 모양이 스포이트 모양으로 바뀐 상태에서 로고 이미지의 새를 클릭하면 선택한
도형의 색상이 변경됩니다.

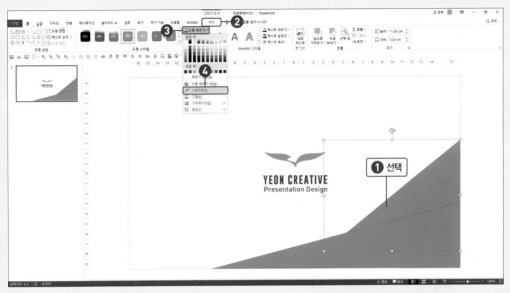

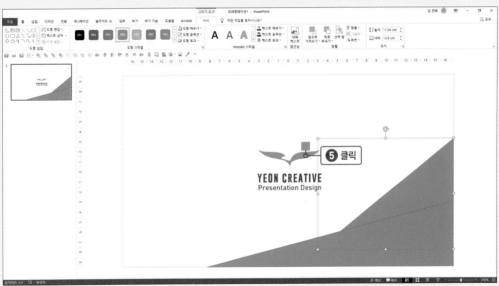

⑥ 같은 방법으로 다른 도형을 선택한 후 로고 이미지 텍스트를 클릭해 도형의 색상을 변경합니다.

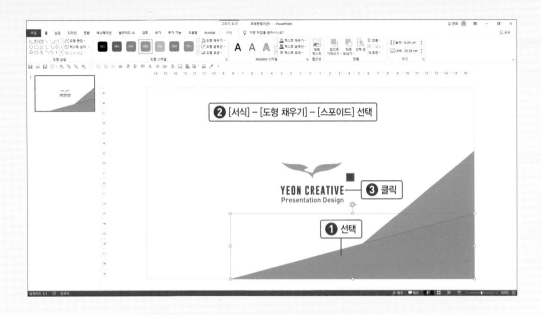

⑦ 직각삼각형을 모두 선택한 후 [그리기]탭의 [서식] – [도형 윤곽선]의 [윤곽선 없음]을 선택해 도형의 윤곽선을 없애 줍니다.

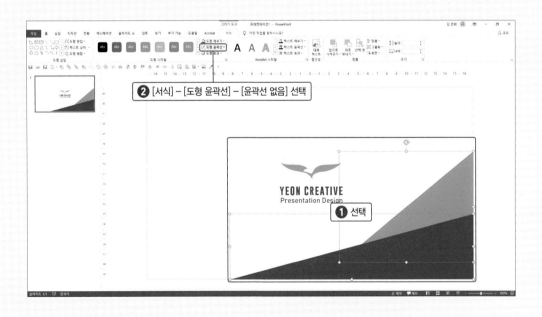

⑧ 로고 이미지를 적절한 위치에 배치하면 통일감이 느껴지는 슬라이드를 완성할 수 있습니다.

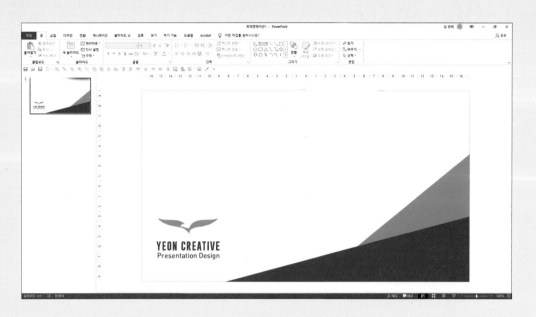

06 | 보고서의 시각적 구성 요소 ① 텍스트

보고서에서 가장 큰 비중을 차지하는 텍스트의 글자 크기와 줄 간격, 색상 대비로 강조하는 방법을 알아보겠습니다.

텍스트: 위계의 순서대로 텍스트 크기를 조절하라

다음은 문장 서술형 보고서의 목차입니다. 보고서에서 가장 큰 구성 단위인 '장'을 가장 큰 텍스트 크기로 정리했고 '절'과 가장 작은 단위인 '세세항목'의 텍스트 크기는 작게 조절해 구성 단위의 위계가 잘 들어옵니다. 시선 역시 텍스트 크기를 따라 자연스럽게 흐릅니다.

Contents

▲ 문장 서술형 보고서의 목차(근로복지공단 근로복지연구원, http://www.alio.go.kr/)

다음은 문장 서술형 보고서의 일부로, 보고서 가장 윗부분의 '미션·비전 및 경영계획'이 가장 먼저 눈에 들어옵니다. 목차에 정리한 제목을 본문에 정리할 때는 텍스트 크기를 가장 크게 조절해 눈에 띄게 하는 것이 좋습니다.

'1. 평가결과', '2. 정책방향', '3. 성과분석' 등의 키워드는 제목 다음으로 큰 텍스트 크기로 정리했습니다. 그리고 각각의 키워드에 관련된 세부 설명은 가장 작은 텍스트의 크기로 그 힘에 가독성을 높이고 시선이 텍스트의 크기를 따라 흐르게 했습니다. 이렇게 텍스트 크기를 조절해 보고서를 작성하면 보고 대상은 정보의 위계를 파악하고 위계를 따라 보고서에서 원하는 항목을 먼저 살펴볼 수 있습니다.

보고서에서 가장 중요하고 먼저 눈에 띄게 하고 싶은 부분에 큰 텍스트 크기를 적용하면 중요도에 따라 내용을 살펴보는 데 많은 도움이 됩니다.

▲ 문장 서술형 보고서(행정안전부, 지방공기업평가원)

텍스트: 텍스트의 줄 간격을 조절해 분리하라

텍스트가 많은 문장 서술형 보고서는 모든 내용을 읽어 보는 것이 불편하게 느껴질 수도 있습니다. 그리고 긴 문장이 계속 나열되면 보고서 전체를 하나의 큰 덩어리로 인식할 수도 있습니다. 하지만 줄 간격을 조절하는 것만으로도 가독성을 높일 수 있습니다.

Before는 문장 서술형 보고서의 일부로, 세 개의 키워드와 각각의 세부 설명글이 정리돼 있습니다. 하지만 각 키워드가 붙어 있어 답답한 느낌을 줍니다.

Before

- **(교육과정)** 단위의 학점 전환 및 실질적 선택권(영역별, 수준별)확대, 총 이수학점 제시 등 학점제 도입 취지와 운영 방식에 맞는 교육과정 운영
- **(평가제도)** 성취평가제 적용을 통해 학점 취득을 위한 과목별 최소 성취수준을 설정하고, 학생 성취수준별 과정 중심 평가를 통해 학생 맞춤형 이수 지원
- **(졸업제도)** 총 출석일수의 총족, 이수 과목의 누적 학점 도달 등 학점을 기준으로 졸업 요건을 설정하고, 수업연한 유연화 방안 등 검토

▲ 줄 간격을 조절하지 않아 가독성이 낮은 텍스트

After는 각 키워드와 세부 설명글의 간격을 조절한 것입니다. 단순히 줄 간격을 조절한 것만으로도 여백이 생겨 가독성이 훨씬 높아졌습니다.

After

- **(교육과정)** 단위의 학점 전환 및 실질적 선택권(영역별, 수준별)확대, 총 이수학점 제시 등 학점제 도입 취지와 운영 방식에 맞는 교육과정 운영

- **(평가제도)** 성취평가제 적용을 통해 학점 취득을 위한 과목별 최소 성취수준을 설정하고, 학생 성취수준별 과정 중심 평가를 통해 학생 맞춤형 이수 지원

- **(졸업제도)** 총 출석일수의 총족, 이수 과목의 누적 학점 도달 등 학점을 기준으로 졸업 요건을 설정하고, 수업연한 유연화 방안 등 검토

▲ 줄 간격을 조절해 가독성을 높인 텍스트

텍스트: 텍스트의 색상 대비로 강조하라

다음은 프레젠테이션형 보고서의 제목 슬라이드로, 큰 텍스트 크기와 짙은 파란색으로 강조한 제목이 먼저 눈에 띕니다. 이렇게 시각적인 대비를 활용하면 텍스트를 강조할 수 있습니다.

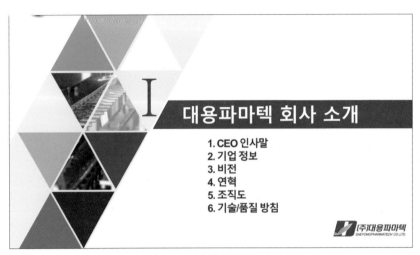

▲ 글자 크기와 색상의 대비로 강조한 텍스트

다음은 야생조류 유리충돌에 관련된 프레젠테이션형 보고서의 일부입니다. 중심 키워드인 '유리창 충돌해결'이라는 텍스트에 짙은 배경색의 도형을 사용했기 때문에 가장 먼저 눈에 띕니다. 그리고 나머지 키워드는 밝은 배경색의 도형을 사용했습니다. 이렇게 중심 키워드는 짙은 배경과 함께 글씨 크기를 가장 크게 조절하고, 나머지 키워드는 밝은 배경과 중심 키워드보다 작게 조절하면 시선이 중심 키워드에서 세부 키워드로 흐르게 됩니다.

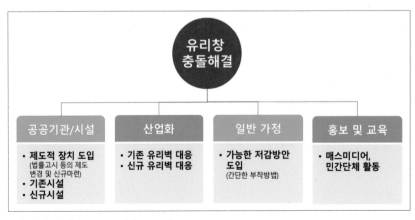

▲ 중심 키워드와 세부 항목을 순차적으로 강조한 텍스트

07 | 보고서의 시각적 구성 요소 ② 표

표는 보고서에서 흔히 볼 수 있는 구성 요소로, 표 안의 정보는 쉽게 이해할 수 있어야 하고 중요도가 높은 정보는 더욱 눈에 띄게 정리해야 합니다.

표: 표에 질서를 부여하라

표는 정보를 체계적으로 비교할 수 있어 보고서에서 많이 활용하는 요소입니다. 표는 가로·세로선으로 이뤄진 형태이기 때문에 표 안의 내용을 질서 있게 정돈하지 않으면 시각적으로 불편함을 느끼게 됩니다. 다음 표의 '사업명' 항목에 정리한 텍스트의 길이는 제각각이지만, 왼쪽으로 정렬해 질서를 부여한 사례입니다. 이렇게 텍스트를 한쪽으로 정렬하면 시각적인 선이 생기기 때문에 표의 세로선과 어우러져 질서를 부여할 수 있습니다. 또한 표의 높이를 일정하게 조절하면 정돈된 느낌을 강화할 수 있습니다.

텍스트가 길 경우 왼쪽 정렬

차례	사업명	사업 기간	발주처
1	인사급여관리시스템 구축	2018.10 - 현재	000회사
2	CRM, HR, 쇼핑몰백오피스 구축	2018.11 - 현재	000회사
3	SMART MICE 구축	2017.04 - 현재	000회사
4	운영업무 시스템 유지 관리	2017.04 - 현재	000회사
5	지방공기업 및 공공기관 정보시스템 유지 관리	2017.02 - 현재	000회사
6	정보통신실 통합운영 및 유지관리사업	2017.02 - 현재	000회사
7	공동주택통합정보마당 유지관리	2017.01 - 현재	000회사
8	출연기관 표준ERP시스템 운영 및 유지보수	2017.10 - 현재	000회사
9	ISP 수립	2017.08-2015.11	000회사
10	운영업무 시스템 유지 관리	2015.04-2016.03	000회사
11	사업별 예산회계 시스템 구축	2015.03-2015.12	000회사
12	집합건물 통합정보마당 구축	2014.07-2014.12	000회사
13	계약정보통합관리시스템 구축	2014.07-2015.06	000회사

행 높이를 같게

▲ 질서 있게 정리된 표

잠깐만요 ✔ 파워포인트의 메뉴에서 [레이아웃] – [행 높이를 같게]를 선택하면 표의 행 높이를 동일하게 조절할 수 있습니다.

4 시각

다음은 수치가 들어간 표로, '연구 개발비' 항목의 숫자를 오른쪽으로 정렬했습니다. 다음과 같이 수치를 오른쪽으로 정렬하면 다른 수치 항목과 비교하기 쉽습니다.

구분	연구 개발비
국내여비	11,000,000
유인물비	5,727,637
전산처리비	3,250,000
시약 및 연구용 재료비	33,040,543
시험분석비	27,207,600
회의비	5,000,000
임차료	50,000,000
성과활용관리비	22,560,000
일반관리비	57,306,091

▲ 수치를 오른쪽으로 정렬한 표

표: 중요 항목을 강조하라

다음 표는 중요 항목을 색상 대비로 강조한 사례입니다. 보조색으로 무채색을 배색하고 중요 항목만 유채색인 주황색으로 강조했습니다.

구분	1차('18~'20)	2차('19~'21)		계
	연구학교	연구학교	선도학교	
일반고	31	33	178	242
직업계고	23	15	74	112
소계	54	47	252	353

▲ 색상 대비로 강조한 표

다음은 표의 테두리 색상을 강조한 예입니다. 이렇게 표의 중요 항목을 강조할 때는 색과 선의 대비를 활용할 수 있습니다.

구분	1차('18~'20)	2차('19~'21)		계
	연구학교	연구학교	선도학교	
일반고	31	33	178	242
직업계고	23	15	74	112
소계	54	47	252	353

▲ 테두리로 강조한 표

표: 색상을 적게 써라

표에 담긴 정보의 양은 다른 구성 요소에 비해 많기 때문에 다양한 색을 사용하면 복잡해 보일 수 있습니다. 다음 표는 녹색의 명도를 조절해 표의 중간마다 약간의 변화만 줬기 때문에 표 안의 내용이 한 줄씩 읽혀 가독성이 높습니다.

〈표 35〉 유아행복 분석 결과

구분	평균(표준편차)		증감값	t
	참여 전	참여 후		
부모관계	7.53(1.67)	8.06(1.74)	0.53	2.244*
교사관계	12.35(3.18)	14.76(2.05)	2.41	4.632***
또래관계	9.53(2.43)	11.15(2.20)	1.62	3.973***
인지 및 성취	10.79(2.38)	13.26(2.26)	2.47	7.540***
몰입	9.65(2.35)	11.38(2.24)	1.74	3.547**
영성	11.06(2.62)	13.82(2.18)	2.76	6.546***
정서	8.91(1.83)	10.26(1.80)	1.35	4.326***
건강	10.15(1.88)	11.35(1.95)	1.21	2.888**
생활만족	5.15(1.40)	5.85(0.89)	0.71	2.931**
전체	85.12(15.18)	99.91(12.43)	14.79	5.779***

▲ 가독성을 높이기 위해 색상으로 구분한 표(국립산림치유원, http://www.alio.go.kr/)

다음 표 역시 파란색의 명도만 조절해 통일감을 주고 있습니다.

차례	사업명	사업기간	발주처
1	인사급여관리시스템 구축	2018.10 – 현재	OOO회사
2	CRM, HR, 쇼핑몰백오피스 구축	2018.11 – 현재	OOO회사
3	SMART MICE 구축	2017.04 – 현재	OOO회사
4	운영업무 시스템 유지 관리	2017.04 – 현재	OOO회사
5	지방공기업 및 공공기관 정보시스템 유지 관리	2017.02 – 현재	OOO회사
6	정보통신실 통합운영 및 유지관리사업	2017.02 – 현재	OOO회사
7	공동주택통합정보마당 유지관리	2017.01 – 현재	OOO회사
8	출연기관 표준ERP시스템 운영 및 유지보수	2017.10 – 현재	OOO회사
9	ISP 수립	2017.08–2015.11	OOO회사
10	운영업무 시스템 유지 관리	2015.04–2016.03	OOO회사
11	사업별 예산회계 시스템 구축	2015.03–2015.12	OOO회사
12	집합건물 통합정보마당 구축	2014.07–2014.12	OOO회사
13	계약정보통합관리시스템 구축	2014.07–2015.06	OOO회사

▲ 색상의 명도를 조절해 각 항목을 구분한 표

잠깐만요✔ 색의 명도를 조절하는 방법은 135쪽을 참고하세요.

08 보고서의 **시각적 구성 요소** ③ **차트**

차트는 정확한 사실이나 근거를 뒷받침하는 구성 요소로, 보고서에서 활용도가 높습니다. 보고 상황에 따라 전체 차트에서 필요한 부분만 간추리거나 강조하는 방법을 알아보겠습니다.

차트: 보고 상황에 따라 간결하게 만들어라

차트는 데이터의 상호 관계와 변화, 상태 등을 선이나 도형으로 표현한 것으로, 내용을 텍스트가 아닌 이미지로 이해할 수 있고, 항목을 비교하는 데도 도움이 됩니다. 문장 서술형 보고서에서 표와 차트를 함께 사용하면 중요한 내용을 자세하게 전달할 수 있습니다.

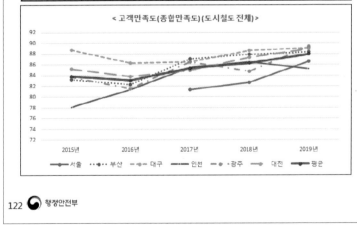

- 6개 도시철도공사의 최근 5년간 평균 고객만족도(종합만족도)는 2015년 83.77점에서 2016년 83.04점으로 소폭 하락한 이후 2017년 85.28점, 2018년 86.26점, 2019년 87.92점으로 다시 상승하는 추세를 보이고 있음

도시철도공사	고객만족도(종합만족도)(점)				
	2015년	2016년	2017년	2018년	2019년
서울교통공사	-	-	81.39	82.64	86.59
부산교통공사	83.22	82.28	87.03	87.88	88.36
대구도시철도	88.74	86.25	86.42	88.56	89.10
인천교통공사	78.06	81.38	85.41	86.47	85.16
광주도시철도	83.65	81.49	86.51	84.74	89.38
대전도시철도	85.20	83.81	84.89	87.27	88.93
평균	83.77	83.04	85.28	86.26	87.92

122 행정안전부

▲ 표와 차트로 구성된 문장 서술형 보고서(행정안전부, 지방공기업평가원)

프레젠테이션형 보고서에서는 보고 상황에 따라 중요 항목만 남겨 차트를 최대한 간결하게 표현할 때도 있습니다. 다음은 프레젠테이션형 보고서의 일부로, 삽입된 차트는 의미 전달에만 중점을 뒀기 때문에 그래프를 눈금선이나 세로축을 생략하고 최대한 간결하게 표현했습니다.

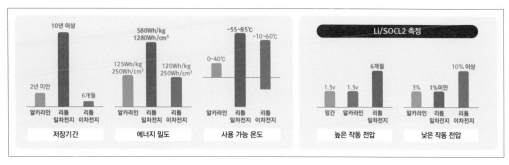

▲ 중요 항목만 간결하게 표현한 표

차트: 중요 항목을 강조하라

차트의 중요 항목을 강조할 때는 색상이나 텍스트 크기를 조절합니다. 다음의 원형 차트는 중요 항목을 강조하기 위해 채도가 높은 빨간색과 주황색을 배색했습니다. 텍스트 크기도 다른 항목과의 대비를 위해 강조 항목의 텍스트 크기를 크게 조절했습니다. 나머지 항목은 무채색인 회색을 사용해 빨간색과 주황색이 더욱 돋보이게 했습니다.

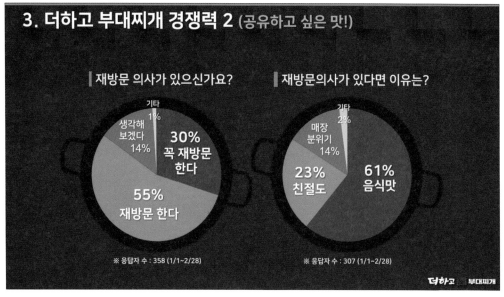

▲ 채도가 높은 색상으로 중요 항목을 강조한 차트

무작정 따라하기

차트의 눈금선 삭제하기

프레젠테이션형 보고서에 삽입한 차트의 눈금선이 시각적으로 방해가 된다면 간단한 방법으로 눈금선을 삭제할 수 있습니다. 이번에는 차트의 눈금선을 삭제하는 방법을 알아보겠습니다.

① 파워포인트의 메뉴에서 [삽입] – [차트]를 차례대로 선택한 후 [차트 삽입] 대화상자에서 [세로 막대형]을 선택하고 [확인]을 클릭합니다.

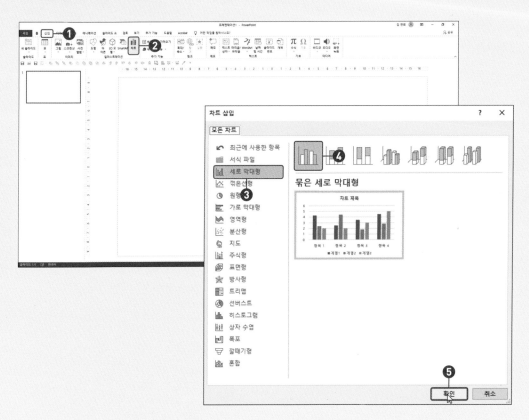

② 슬라이드에 삽입된 차트의 눈금선을 선택합니다. 가로축 눈금선 하나를 선택해도 전체 가로축 눈금선이 선택됩니다.

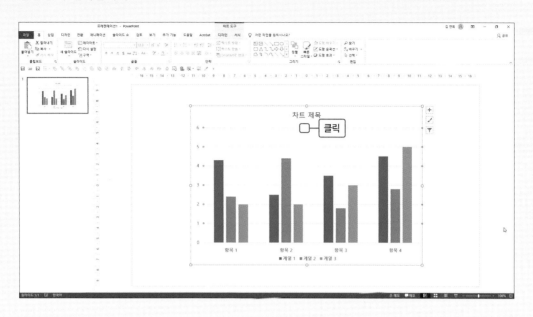

③ 눈금선이 선택된 상태에서 [서식] 탭 – [도형 윤곽선] – [윤곽선 없음]을 선택합니다.

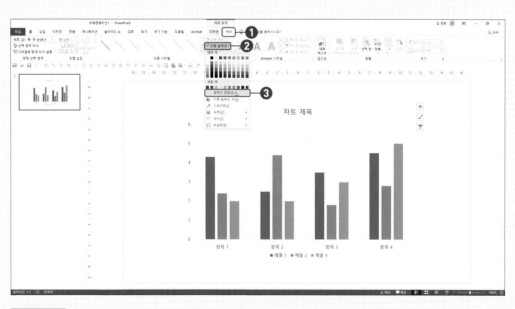

잠깐만요 ✔ 눈금선이 선택된 상태에서 `Delete`를 눌러도 눈금선을 삭제할 수 있습니다.

차트를 의도대로 조절하기

보고서 작성자의 의도에 따라 차트를 더 큰 차이가 나는 것으로 표현할 수 있습니다. Before의 그래프는 세로축의 최솟값이 0이고 After의 그래프는 세로축의 최솟값을 변경해 변화의 차이가 크게 느껴집니다.

예시와 같이 차트의 세로축 값을 조정하려고 할 때 차트의 세로축 값을 더블클릭하면 슬라이드 오른쪽에 표시되는 [축 서식]에서 [최소]의 값을 적절하게 조절하면 됩니다.

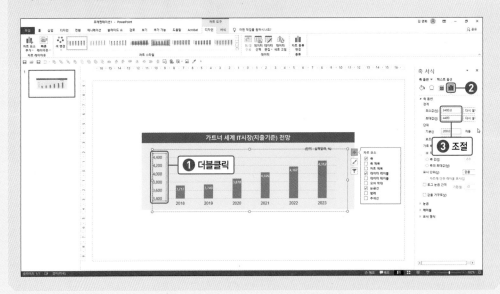

09 보고서의 시각적 구성 요소 ④ 이미지

많은 텍스트보다 주제가 담긴 한 장의 이미지가 더 호소력이 강하게 느껴지기도 합니다. 이번에는 이미지와 어울리는 색상을 선택하는 방법과 이미지와 텍스트를 안정적으로 배치하는 방법을 알아보겠습니다.

이미지: 가득찬 이미지는 말보다 강하다

다음은 야생조류 유리충돌에 관한 프레젠테이션형 보고서의 일부입니다. 보고서의 주제가 드러나는 배경 이미지를 사용해 보고서에 어떤 내용이 담겨 있는지 예상할 수 있습니다. 이렇게 이미지를 배경에 가득 채울 때는 텍스트 상자를 배치할 여백이 있는 이미지를 사용하는 것이 좋습니다. 만약 텍스트 상자를 배치할 여백이 없거나 텍스트 상자가 눈에 띄지 않는 이미지라면 도형의 투명도를 조절해 배치하면 됩니다.

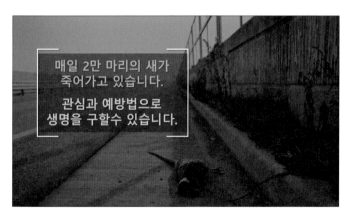

▲ 적절한 이미지를 크게 배치해 전달력을 높인 슬라이드

이미지: 이미지의 색을 추출해 활용하라

보고서에 사용한 이미지의 주요 색으로 텍스트나 도형 등을 배색하면 시각적인 통일감을 줄 수 있습니다. 다음 예제는 텍스트를 배경 이미지의 주요 색인 파란색으로 배색해 시선이 배경 이미지의 새와 같은 색으로 배색한 텍스트로 자연스럽게 이동합니다. 텍스트에 사용한 색상은 파워포인트의 스포이트 기능을 사용해 배경 이미지에서 색상을 추출한 것입니다.

▲ 이미지에서 색상을 추출해 통일감을 준 슬라이드

잠깐만요✔ 텍스트의 색상을 변경할 부분을 드래그한 후 [텍스트 채우기]의 [스포이트] 기능을 선택합니다.

다음은 프레젠테이션형 보고서의 일부로, 배경 이미지에서 색상을 추출해 도형에 적용한 사례입니다. 배경 이미지의 색상을 그대로 사용했기 때문에 자연스러운 느낌을 줍니다.

▲ 이미지에서 색상을 추출해 디자인 요소에 적용한 슬라이드

이미지: 화면을 삼등분해 구성 요소를 배치하라

삼분할법은 보고서를 가로세로로 삼등분해 교차하는 지점에 중요한 정보를 배치하는 기법으로, 보고서의 요소를 이 방법으로 배치하면 안정적이고 균형 잡힌 구도를 완성할 수 있습니다.

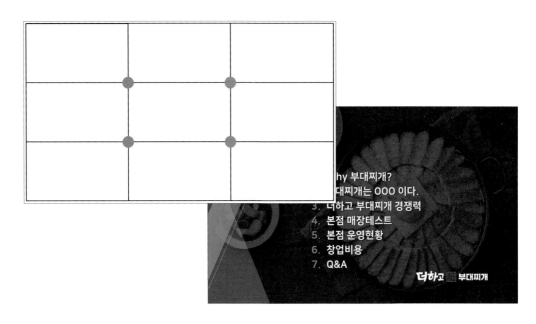

다음은 프레젠테이션형 보고서의 일부로, 텍스트와 로고를 삼분할법으로 배치한 사례입니다. 전체 슬라이드를 동일한 간격으로 분할한 후 보고서의 제목과 회사 로고가 배치될 부분을 다시 삼등분했습니다.

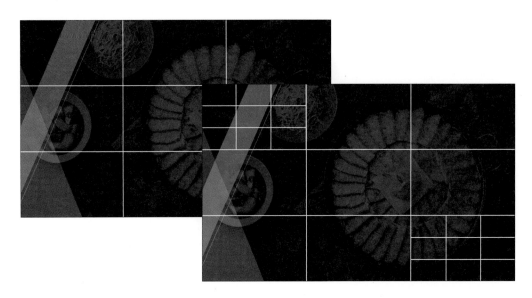

가로·세로선이 교차하는 지점에 제목과 목차, 회사 로고를 배치해 전체 구성 요소가 안정감 있고 균형 잡힌 구도로 배치됐습니다. 삼분할법은 가장 기초적인 구도법으로, 보고서의 구성 요소를 좀 더 안정적으로 배치할 수 있습니다.

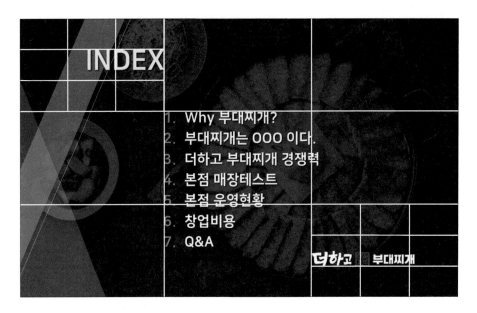

삼분할선 그리기

삼분할선은 슬라이드의 구성 요소를 안정적인 구도로 배치할 때 유용합니다. 여기서는 파워포인트의 기본 도형과 정렬 기능을 활용해 삼분할선을 삽입하는 방법을 알아봅니다.

① 파워포인트 [홈] 메뉴의 [그리기] 탭에서 [선]을 선택합니다.

② [Shift]를 누른 상태에서 슬라이드의 가로 길이만큼 드래그해 선을 삽입합니다.

잠깐만요 ✓ [Shift]를 누른 상태에서 선을 드래그하면 수평선을 삽입할 수 있습니다.

③ 삽입한 선을 선택한 후 [서식] – [도형 윤곽선]을 클릭합니다. 선 색은 검은색으로 변경하고 선 두께도 가장 얇게 변경합니다.

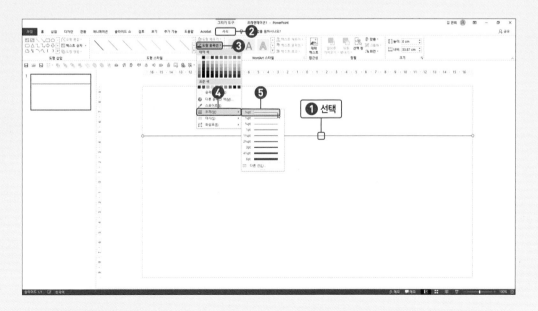

④ ③의 선을 복사(Ctrl+C)해 같은 슬라이드에 붙여 넣습니다(Ctrl+V).

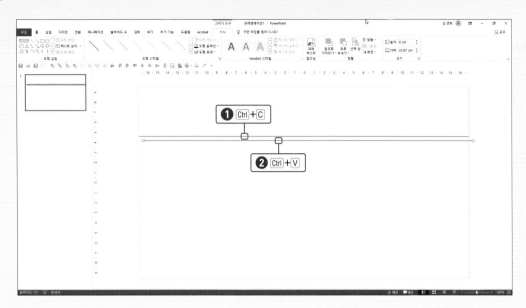

⑤ Ctrl + A 를 눌러 슬라이드에 삽입한 선을 모두 선택한 후 [그리기 도구] 탭의 [정렬] – [맞춤] – [가운데 맞춤], [세로 간격을 동일하게]를 차례대로 선택합니다.

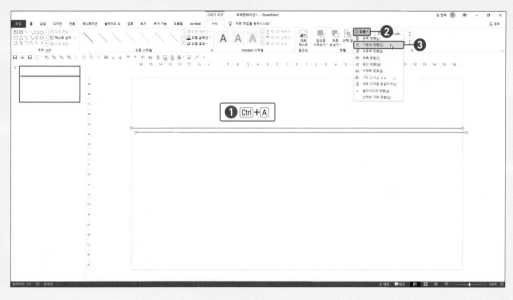

잠깐만요 ✔ [맞춤] 항목의 [슬라이드에 맞춤]을 선택해야 선을 슬라이드 안에 동일한 간격으로 배치할 수 있습니다.

이번에는 세로선을 삽입한 후 복사해 붙여 넣습니다.

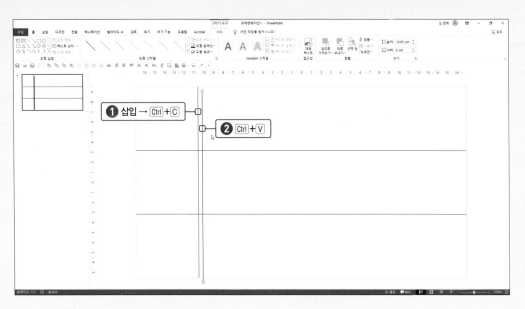

⑦ Ctrl을 누른 상태에서 슬라이드의 세로선을 클릭해 모두 선택한 후 [그리기 도구] 탭의 [정렬] –
[맞춤] – [중간 맞춤], [가로 간격을 동일하게]를 차례대로 선택합니다.

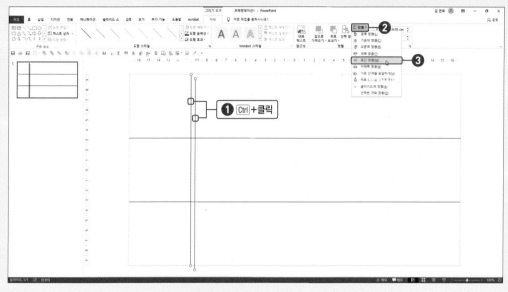

⑧ 슬라이드에 정렬된 삼분할 선을 모두 선택(Ctrl+A)한 후 Ctrl+G를 눌러 그룹으로 묶습니다.

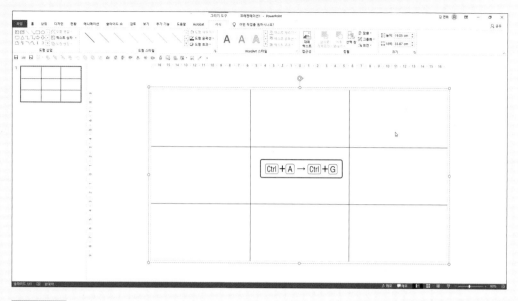

잠깐만요 ✔ 그룹으로 묶을 선을 모두 선택한 후 마우스 오른쪽으로 클릭해 [그룹화]를 선택해도 됩니다.

⑨ 그룹으로 묶인 삼분할선을 복사해 붙여 넣은 후 다음 그림과 같이 크기를 작게 조절해 왼쪽 윗부분과 오른쪽 아랫부분에 각각 배치합니다.

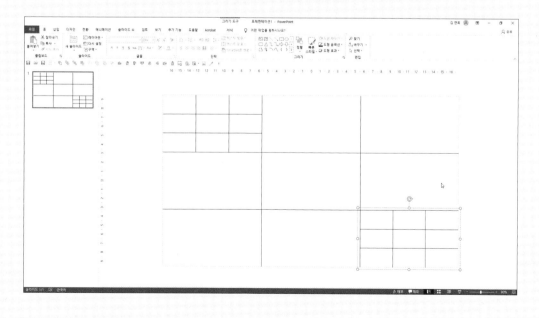

어두운 배경에 맞게
로고 이미지 밝기 조절하기

어두운 색상의 배경 위로 로고 이미지를 삽입하면 눈에 실 띄지 않는 경우가 있습니다. 이 경우, 로고 이미지의 밝기를 조절하면 로고를 눈에 띄게 변경할 수 있습니다. 이번에는 파워포인트의 그림 서식을 이용해 로고의 밝기를 조절하는 방법을 알아보겠습니다.

① 어두운 색상의 배경에 로고 이미지를 삽입하면 다음 그림과 같이 눈에 잘 띄지 않는 경우가 있습니다. 이 경우에는 슬라이드에 삽입한 로고 이미지를 마우스 오른쪽 버튼으로 클릭한 후 [그림 서식]을 선택해 보세요.

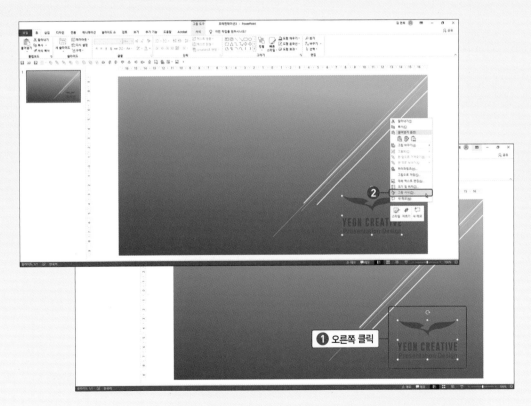

② 슬라이드의 오른쪽에 [그림 서식] 창이 표시됩니다.

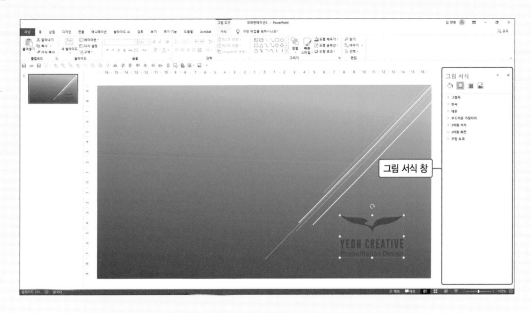

③ [그림 서식] 창의 항목 중 [그림]을 선택한 후 [그림 보정]의 [밝기/대비] 항목의 조절점을 오른쪽 끝까지 드래그하면 로고 이미지의 밝기를 100%로 조절할 수 있습니다.

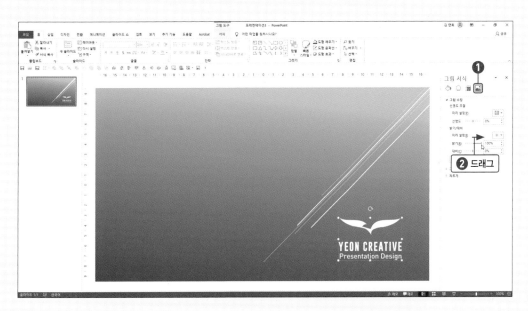

④ 로고 이미지의 밝기를 100%로 조절하면 로고 이미지가 흰색으로 바뀝니다.

10 보고서의 시각적 구성 요소 ⑤ 아이콘과 여백

보고서에 사용한 아이콘은 시각적인 흥미를 이끌어 정보를 기억하는 데 도움을 줍니다. 또한 보고서의 여백은 보고 대상의 시선을 의도한 대로 이끄는 역할을 합니다.

아이콘: 시선의 구심점 역할을 하는 아이콘

아이콘은 직관적이고 함축적인 의미를 담고 있어 시각적인 정보를 전달하는 보고서에 활용도가 높습니다.

Before는 원 도형과 텍스트를 활용해 작성한 프레젠테이션 보고서의 일부입니다. 아이콘이 보고서의 필수 요소는 아니기 때문에 내용을 전달하는 데는 충분합니다.

▲ 원 도형과 텍스트로 구성된 슬라이드

After는 상세 내용과 관련 있는 아이콘을 함께 배치했습니다. 아이콘과 수직으로 배치해 아이콘, 도형, 텍스트가 시각적인 균형을 이루고 있습니다. 또한 보고서의 내용을 직관적으로 표현한 아이콘을 잘 활용하면 내용을 이해하고 기억하는 데 도움이 됩니다.

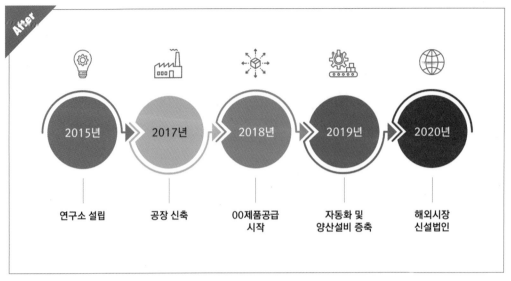

▲ 아이콘을 배치해 시각적 흥미를 유발하는 슬라이드

잠깐만요 ✔ 보고서에 사용하는 아이콘은 작게 조절해 배치하는 것이 보기에 좋습니다.

여백: 여백으로 시선을 움직이게 하라

보고서의 여백은 도형이나 텍스트, 이미지 등의 구성 요소가 막힘 없이 흐르도록 보고서 작성자가 의도적으로 만든 시각적 요소입니다. Before는 프레젠테이션형 보고서의 일부로, 텍스트와 이미지가 슬라이드 안에 꽉 채워 배치돼 있습니다. 여백이 거의 없기 때문에 답답한 느낌이 들고 시선의 우선순위가 없어 슬라이드 안에서 시선이 방황하게 됩니다.

▲ 구성 요소가 여백 없이 배치된 슬라이드

After는 여백을 염두에 두고 구성 요소의 크기를 조절해 배치한 사례입니다. 보고서에 여백이 생겨 시선이 자연스럽게 흐릅니다.

보고서의 여백은 시선이 자연스럽게 흐를 수 있도록 보고서 구성 요소의 크기와 위치를 조절하고 균형감 있게 배치해 여백이 잘 드러나도록 하는 것이 좋습니다.

▲ 여백이 잘 드러나게 배치된 슬라이드

11 문서형 보고서를 프레젠테이션형 보고서로 만들자

이번에는 지금까지 알아본 보고서 디자인의 기본원리를 적용해 문장 서술형 보고서를 프레젠테이션형 보고서로 정리하는 방법을 알아보겠습니다. 기본원리만 잘 이해하고 있다면 파워포인트의 기본 기능만으로도 훌륭한 프레젠테이션형 보고서를 만들 수 있습니다.

다음은 문장 서술형 보고서의 일부로, 제목 페이지, 목차 페이지, 내용 페이지를 프레젠테이션형 보고서로 만들어 보겠습니다.

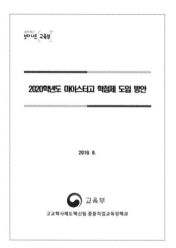
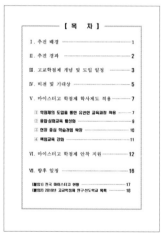
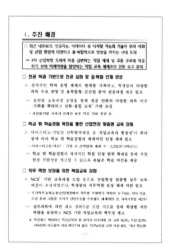

▲ 문장 서술형 보고서(교육부, https://www.moe.go.kr/)

4 시각

우선 문장 서술형 보고서의 제목 페이지를 프레젠테이션형 보고서의 제목 슬라이드로 정리해 보겠습니다. 제목 슬라이드에 제목과 날짜, 로고를 각각 삼분할 구도를 적용해 배치했습니다. 삼분할선에 구성 요소의 위치를 조금씩 조절하면서 가장 안정적이고 정돈된 느낌을 주는 위치에 배치하면 됩니다.

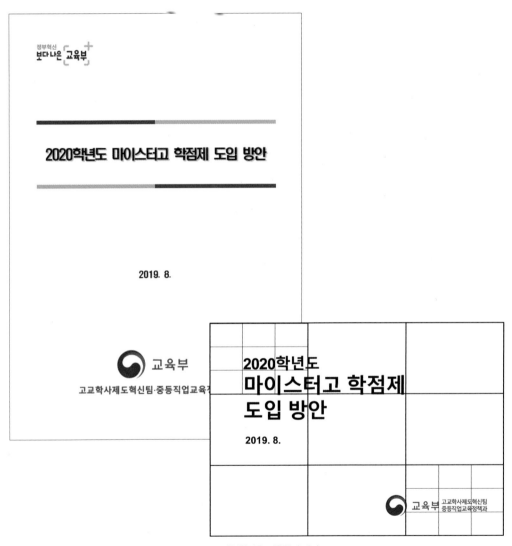

▲ 삼분할법을 적용한 슬라이드

구성 요소를 배치한 후 배경 색상을 로고 색상과 유사한 계열의 파란색으로 설정했습니다. 제목 텍스트는 흰색, 제목의 일부는 밝은 파란색 계열로 변경했습니다. 또한 시선을 이끌 수 있도록 제목 부분에 사선을 넣어 디자인 요소로 활용했습니다.

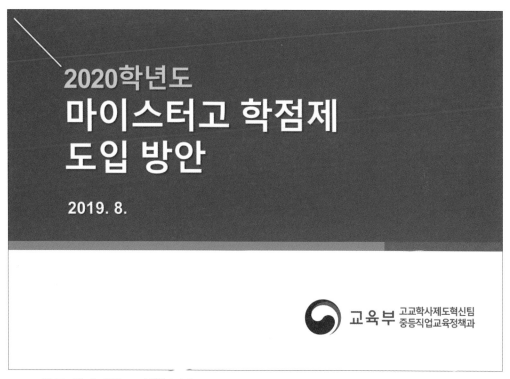

▲ 로고 색상과 어울리는 색상으로 배색한 슬라이드

다음으로 문장 서술형 보고서의 목차 페이지를 프레젠테이션형 보고서의 목차 슬라이드로 정리해 보겠습니다. 제목 슬라이드와 같이 삼분할선을 활용해 목차의 내용과 로고를 배치했습니다.

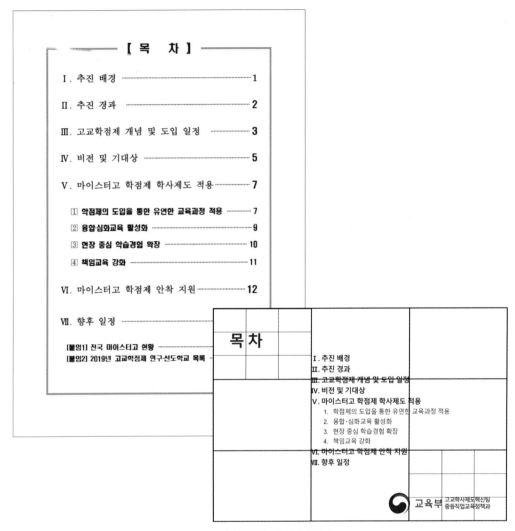

▲ 삼분할법을 적용한 슬라이드

목차 슬라이드의 구성 요소를 배치한 후 제목 슬라이드와 같은 배경색과 텍스트 색상을 설정해 제목 슬라이드와 목차 슬라이드가 시각적으로 통일성을 이루고 있습니다.

목차

Ⅰ. 추진 배경
Ⅱ. 추진 경과
Ⅲ. 고교학점제 개념 및 도입 일정
Ⅳ. 비전 및 기대상
Ⅴ. 마이스터고 학점제 학사제도 적용
    1. 학점제의 도입을 통한 유연한 교육과정 적용
    2. 융합·심화교육 활성화
    3. 현장 중심 학습경험 확장
    4. 책임교육 강화
Ⅵ. 마이스터고 학점제 안착 지원
Ⅶ. 향후 일정

 교육부 고교학사제도혁신팀
중등직업교육정책과

▲ 로고 색상과 어울리는 색상으로 배색한 슬라이드

마지막으로 문장 서술형 보고서의 내용 페이지를 프레젠테이션형 보고서의 내용 슬라이드로 정리해 보겠습니다.

문장 서술형 보고서는 보고 대상이 내용을 읽으면서 이해하지만, 프레젠테이션형 보고서는 작성자가 의도한 흐름에 따라 이해하기 때문에 문장 서술형 보고서의 문장을 프레젠테이션형 보고서에 어울리도록 정리해야 합니다. 또한 세로가 긴 형태의 문장 서술형 보고서는 내용을 텍스트로만 정리했기 때문에 한 페이지에 담을 수 있는 내용이 많았지만, 가로가 긴 프레젠테이션형 보고서로 정리할 때는 내용을 한 슬라이드에 담기에는 많으므로 슬라이드를 중요 항목별로 나눴습니다. 우선 다음과 같이 문장 서술형 보고서에서 강조할 항목을 표시합니다.

Before

◇ 최근 네트워크, 인공지능, 빅데이터 등 디지털 지능화 기술이 우리 사회 및 산업 현장에 다양하고 융·복합적으로 영향을 끼치는 시대 도래
⇒ 4차 산업혁명 도래에 따라 급변하는 직업 세계 및 고용 구조에 적응하기 위해 미래역량을 함양하는 직업 교육 체제로의 전환 요구 증대

After

◇ 최근 네트워크, 인공지능, 빅데이터 등 디지털 지능화 기술이 우리 사회 및 산업 현장에 다양하고 융·복합적으로 영향을 끼치는 시대 도래
⇒ 4차 산업혁명 도래에 따라 급변하는 직업 세계 및 고용 구조에 적응하기 위해 미래역량을 함양하는 직업 교육 체제로의 전환 요구 증대

▲ 강조할 항목을 색상으로 강조

여기에서는 슬라이드 상단에 가장 강조할 항목을 배치했습니다. '네트워크', '인공지능', '빅테이터'는 '디지털 지능화 기술'의 하위 요소가 하나의 묶음으로 보이도록 가깝게 배치했고 슬라이드 아래에서부터 중요도의 순서대로 항목을 배치한 후 삼각형 도형을 넣어 시선이 아래에서 위로 흐르도록 유도했습니다.

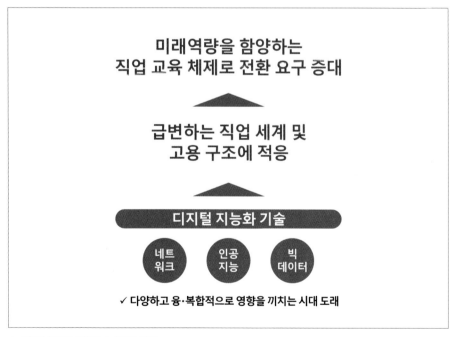

▲ 강조할 항목을 중요한 순서대로 배치

이렇게 프레젠테이션형 보고서의 밑바탕을 정리한 후 보고서의 색상을 보고서 디자인의 기본 원리에 맞춰 설정하는 것이 좋습니다. 내용 슬라이드 상단의 '미래역량을 함량하는 직업 교육 체제로 전환요구 증대'는 이 슬라이드에서 가장 중요한 부분이므로 글자 크기를 가장 크게 하고, 위아래로 선을 배치해 더욱 시선이 머물도록 했습니다. 그뿐 아니라 다른 슬라이드에서 주요 색으로 사용한 짙은 파란색을 배경으로 설정해 텍스트가 더욱 잘 보이게 정리했습니다.

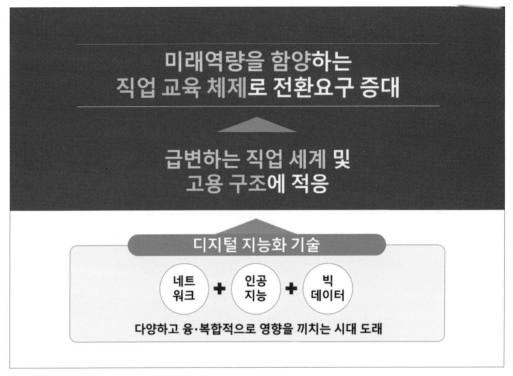

▲ 선과 도형, 색상 대비를 활용해 완성한 슬라이드

이와 같은 방법으로 문장 서술형 보고서의 중요 항목을 프레젠테이션형 보고서로 옮긴 후 내용을 중요도에 따라 배치하고 도형을 넣어 시선을 유도합니다. 배색 역시 주요 색인 짙은 파란색의 명도와 채도만 조절해 변화를 줬습니다. 이렇게 명도와 채도를 조절해 배색하면 통일감을 주면서도 색을 풍부하게 사용한 것과 같은 느낌을 줍니다.

잠깐만요 ✔ 프레젠테이션형 보고서의 밑바탕을 정리하는 단계에서는 무채색의 명도만 조절해 배색하는 것이 좋습니다.

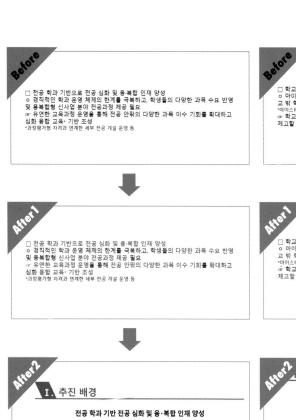

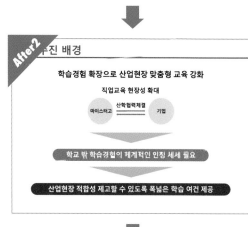

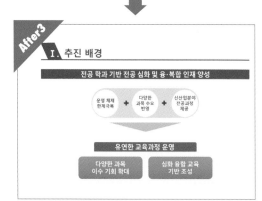

▲ 완성된 프레젠테이션형 보고서

12 │ 실제 사례 보고서 Before & After

문서형 보고서는 텍스트 위주로 작성하기 때문에 디자인에 대한 부담이 없지만, 프레젠테이션형 보고서는 도해, 배색, 배치 등을 동시에 신경 써야 때문에 부담을 느낄 수밖에 없습니다. 이번에는 실제 프레젠테이션형 보고서의 작성 과정을 살펴보면서 좀 더 좋은 보고서를 작성하는 방법을 알아보겠습니다.

다음은 전지 관련 사업을 하는 회사의 사업계획서 목차 슬라이드입니다. 회사 대표 색상인 붉은색과 파워포인트의 기본 도형 중 다이아몬드 도형을 사용해 목차에 시선이 가도록 배치했습니다.

지금 상태로도 깔끔하지만, 목차의 텍스트 크기가 조금 작고, 여백이 너무 많아 비어 있는 느낌을 줍니다.

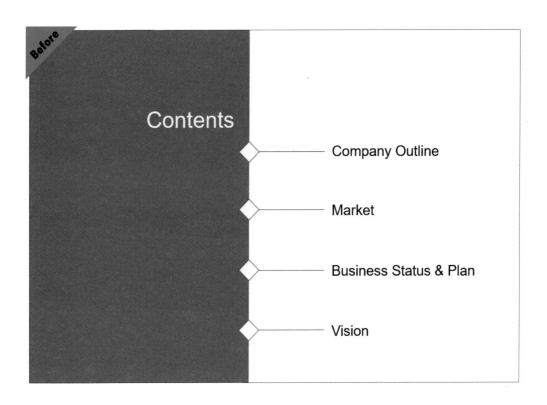

After는 전체적인 텍스트 크기를 크게 조절하고 회사의 비전을 텍스트로 넣어 여백 공간을 줄이는 동시에 디자인 요소로 활용했습니다. 'Contents' 위에 정리한 텍스트는 디자인 요소의 성격이 강하기 때문에 텍스트 색상을 눈에 띄지 않는 색으로 배색해 보조하도록 했습니다. 전지 관련 회사이기 때문에 전지 모양을 디자인 요소로 활용했고 목차 역시 전지의 잔량이 연상되는 아이콘을 활용해 표현했습니다. 안정적인 구도의 가로형 배치이기 때문에 시선이 왼쪽에서 오른쪽으로 흐릅니다.

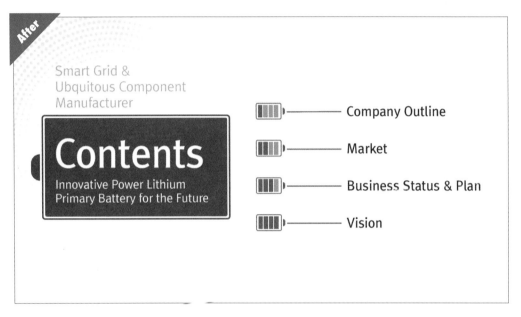

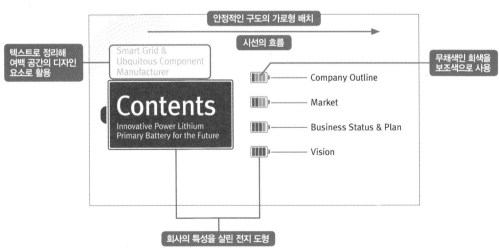

다음은 회사 소개 슬라이드로, 상단의 제목 영역에는 대제목(Company Outline)과 상세제목(1.3 Product & Facility), 내용 영역에는 소제목(Facility)과 세부내용이 배치돼 있습니다. 각 구성 요소의 텍스트 크기가 내용의 위계에 따라 조절돼 있기 때문에 대제목에서 상세제목, 소제목, 세부내용 순으로 시선이 자연스럽게 흐릅니다. 하지만 슬라이드의 왼쪽 아래에 여백이 너무 넓고 슬라이드 오른쪽에 수직으로 배치된 이미지는 눈에 잘 들어오지 않습니다.

여백은 시선이 자연스럽게 흐를 수 있도록 보조하는 공간으로, 비어 있는 공간으로 느껴지시 않아야 합니다.

Company Outline

>> 1. 3 Product & Facility

■ Facility

1. Discharging Channels: 1,157 ch

2. Temperature Chambers: 31 ea

3. Others: Impact / Shock / Vibration tester, Safety room, etc.

제조특성: 장치산업, 자동화공정, 안정성확보

After는 상세제목(1.3 Product & Facility)을 대제목(Company Outline)보다 크게 조절해 강조했습니다. 소제목(Facility) 텍스트는 도형으로 정리해 눈에 띄게 수정하고 슬라이드 오른쪽에는 '제조 특성'을 방사형 도해로 표현했습니다. 이미지는 슬라이드 아래에 배치해 안정적인 느낌을 주고 있습니다. 또한 이미지의 밝기를 조절해 밝고 선명하게 보정했습니다.

다음은 시장 분석에 대한 슬라이드로, 텍스트가 많고 제목 아래에 있는 텍스트는 산만해 보입니다. 또한 슬라이드의 가운데에 있는 여성 실루엣 이미지는 시선을 끌긴 하지만 슬라이드의 내용과는 연관성이 없습니다.

Before와 같이 텍스트가 많은 슬라이드는 텍스트를 그룹으로 묶어 관련된 내용끼리 구분해 배치해야 합니다. 텍스트 그룹을 가까이 배치한다는 것은 서로 유의미한 관계에 있다는 것을 의미합니다.

After는 산만하게 배치돼 있던 텍스트를 제목 아래에 배치한 후 밝은 붉은색 직사각형 도형 안에 정리해 내용 영역과 분리했습니다. 내용 영역에는 세 개의 중심 키워드를 도해로 정리해 배치했고 지시선을 활용해 도해의 키워드와 세부설명을 연결시켜 시선이 중심 키워드에서 각각의 세부설명으로 흐르도록 배치했습니다.

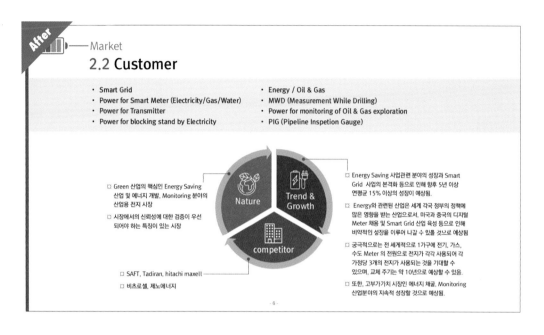

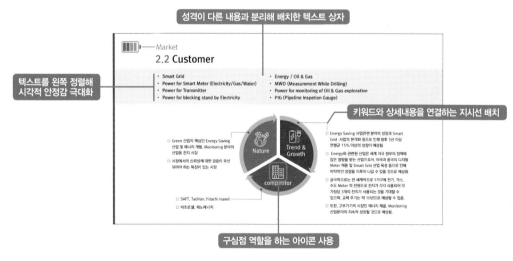

다음은 시장 점유율을 정리한 슬라이드로, 점유율 그래프를 이미지로 가져왔기 때문에 그래프를 수정할 수 없고 수치와 각 항목의 너비가 좁아 답답한 느낌을 줍니다. 외부에서 가져온 그래프 등의 데이터는 가공이나 수정이 가능한 형태로 저장해 두는 것이 좋습니다.

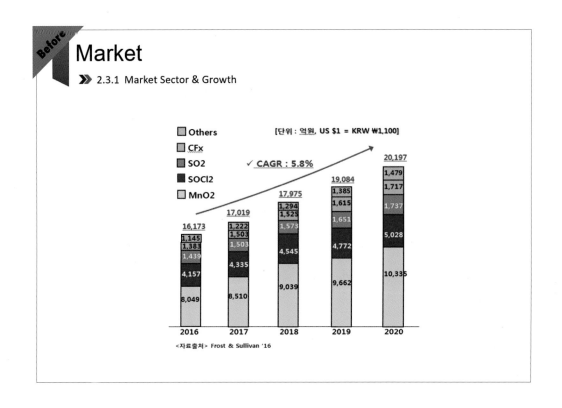

After의 누적 세로 막대형 그래프는 Before를 참고해 파워포인트의 직사각형 도형으로 완성했습니다. 수치를 정확하게 옮기기 위해 파워포인트의 안내선 기능을 사용해 직사각형 도형을 세로로 쌓아가면서 각각의 항목을 그대로 옮겼고 가로 간격을 동일하게 배치했습니다. After의 그래프는 파워포인트의 기본 도형을 이용해 완성했기 때문에 언제든지 수정할 수 있습니다.

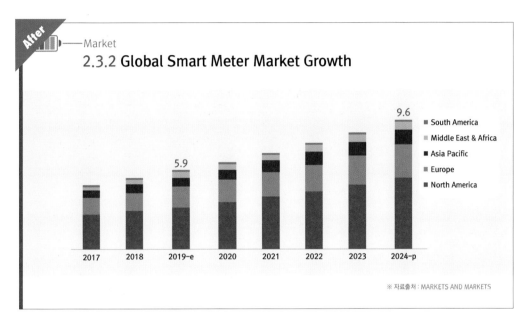

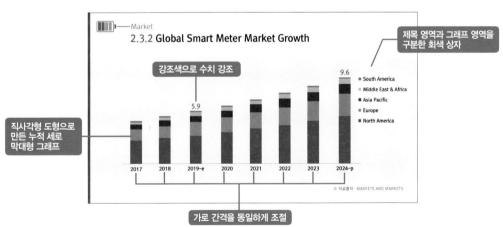

다음 Before는 경쟁 업체를 분석해 원형 그래프로 정리한 슬라이드입니다. 배경의 밝은 부분에 있는 텍스트가 눈에 잘 들어오지 않습니다. 또한 원형 그래프에 색상을 많이 배색해 중요한 내용이 눈에 잘 띄지 않습니다.

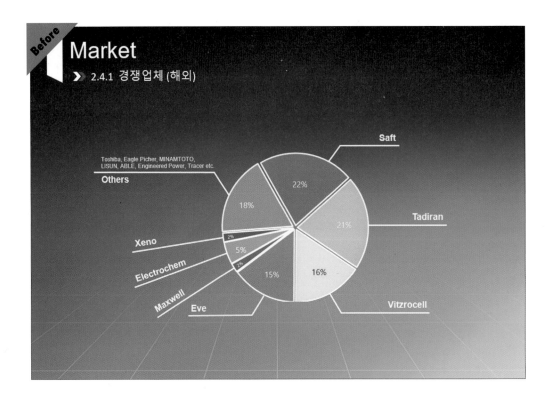

After는 회사의 주요 색상인 붉은색을 사용했고 명도를 조절해 같은 계열의 색상을 사용하면서도 단조로운 느낌이 들지 않게 했습니다. 주요 색상 외에 회색을 보조색으로 사용했고 보조색역시 명도를 조절하며 배색했습니다. 그래프는 파워포인트 그리기 도구의 자유형 도형을 이용해 각 수치가 해당 항목 이름과 연결되도록 그려 넣어 완성했습니다.

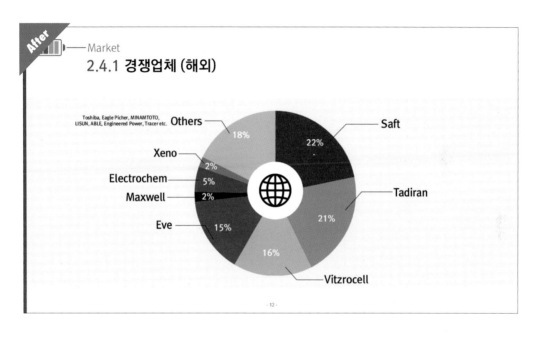

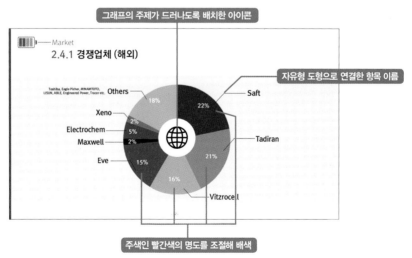

다음의 Before는 키워드를 직사각형 도형으로 배치한 슬라이드입니다. 제목(K-NNCI 구성 (안))이 슬라이드 상단과 내용 영역에 중복되고 주요 항목은 다른 색상으로 강조하긴 했지만 세부내용과 간격을 두고 떨어져 있기 때문에 혼란스러운 느낌을 주고 있습니다. 또한 아래를 향하고 있는 화살표의 의미가 정확하게 전달되지 않습니다.

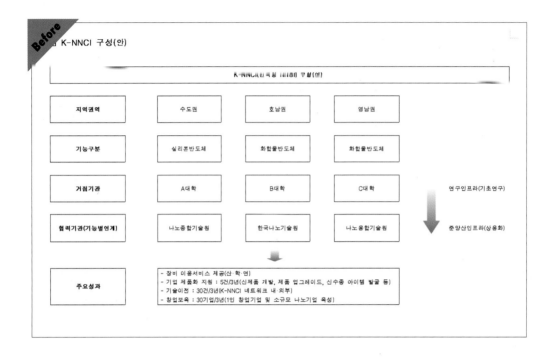

After에서는 중복된 제목을 합쳐 슬라이드 상단에 배치했습니다. 내용 영역을 살펴보면 주요 항목이 슬라이드 아래 네 개의 키워드를 향하고 있는 것을 알 수 있습니다. 키워드를 향해 큰 화살표를 배치하고 '주요성과'라는 단어를 배치해 화살표가 향하는 의미가 정확하게 보이도록 했습니다.

슬라이드 오른쪽의 '연구인프라'와 '준양산인프라'라는 단어를 돋보이게 강조해달라는 요청을 반영하기 위해 해당 텍스트를 긴 둥근 모서리 사각형에 넣고 연두색과 녹색을 사용해 눈에 띄도록 했습니다. 전체적인 색상은 인접색인 녹색과 파란색 계열로 배색했습니다.

다음 Before는 어두운 배경에 밝은색 텍스트로 정리한 '추진계획' 슬라이드의 일부입니다. 배경과 어울리는 색상을 사용해 텍스트를 정리했지만, 주요 색상으로 사용한 하늘색 바탕의 텍스트 상자에 정리한 흰 텍스트가 잘 보이지 않습니다. 또한 내용이 슬라이드 오른쪽에만 치우쳐 있어 시선이 흐르지 않고 여백이 많으며 답답한 느낌입니다.

시선의 흐름이 중요한 이유는 보고 대상이 슬라이드를 보고 내용을 한눈에 직관적으로 이해할 수 있게 하기 위해서입니다.

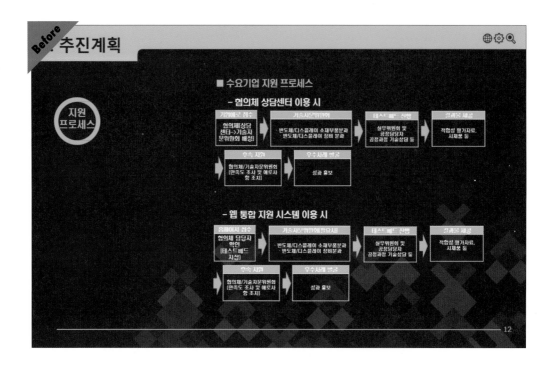

After는 내용을 슬라이드 중심에 배치하고 내용 영역 상단의 주요 항목을 두 개의 키워드로 나눠 각 키워드에 포함된 프로세스의 순서대로 시선이 흐르도록 배치했습니다. 키워드에 속한 프로세스 아래의 세부내용은 시선이 가장 마지막에 닿도록 텍스트의 크기를 작게 조절했습니다.

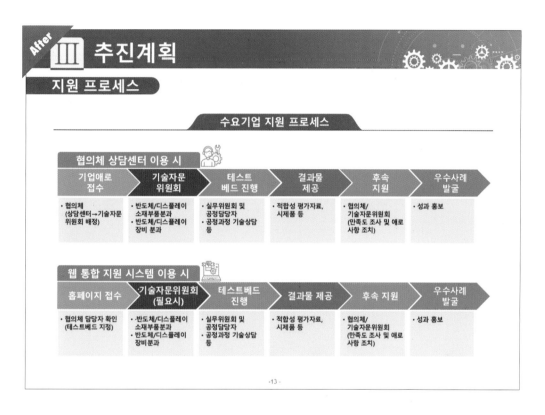

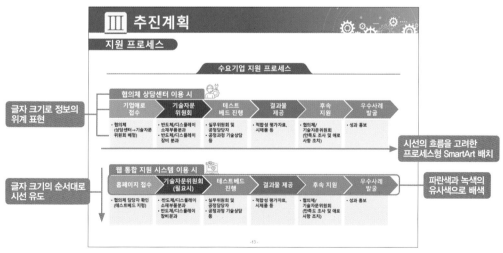

다음 Before는 표준(4:3) 비율의 슬라이드로, 다른 슬라이드에 비해 가로폭이 좁아 텍스트가 넘치는 느낌을 줍니다. 내용이 많은 프레젠테이션형 보고서라면 가로폭이 넓은 와이드스크린 (16:9) 비율의 슬라이드로 작성하는 것이 좋습니다. 텍스트는 중요도와 위계가 정리돼 있지 않고 가깝게 붙어 있어 답답한 느낌입니다. 지도 이미지는 텍스트와 뒤섞여 있어 수정이 필요합니다.

Before

I. Background(1)

1 **DNS Error Causes Website problems**

- **Website problems based on DNS Error → leads to stop core businesses of the company, and causes significant harms to end-users**

  (Dec. 2016) The Dyn DDoS attack paralyzed 1,200 main servers, including Twitter, Amazon; and, this attack caused massive amounts of economic damage

- **(Root DNS Case)** Simply increasing DNS Root Servers

  (E.g. of Root Servers) total of 1,325 root servers have been deployed around the world.

  DNS Root Servers in the World

  → But, whenever they add another DNS root Server, it costs lots of money to build and operate them.

After는 와이드스크린(16:9) 비율로 변경했습니다. 텍스트는 주요 항목과 키워드, 상세설명으로 구분해 위계를 조절했습니다. 주요 항목은 슬라이드 상단에 배치하고 색상과 크기로 강조해 가장 먼저 눈에 들어오게 했습니다. 지도 이미지도 새로 만들어 슬라이드 오른쪽에 배치하고 영문 기호로 구분한 후 왼쪽 정렬로 배치했습니다. 지도 아래에는 관련 키워드를 함께 배치했습니다.

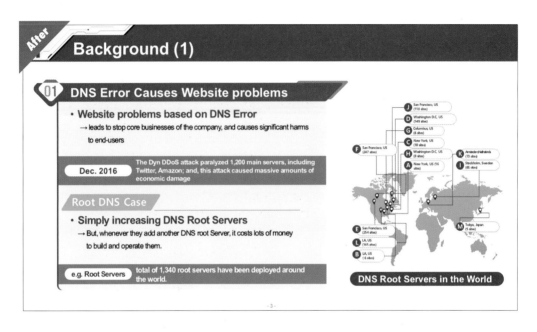

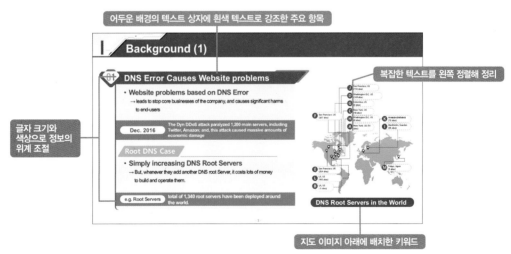

4 시각

다음 Before는 세 개의 키워드와 세부 항목, 상세 내용의 세 단계의 위계로 이뤄진 구조의 슬라이드입니다. 슬라이드의 구성 요소가 텍스트만 구성돼 있어 발표를 위한 프레젠테이션 보고서로 적합하지 않습니다.

Before

[Reference] Main challenges of DNS

1 Availability

- **Many organizations rely on small Number of DNS servers(2~3)**
  → DNS server problem may lead to website paralysis

2 Performance

- **As physical distance from DNS servers is increased**
  → increased network response time,
  → increased web page loading time may lead to web page paralysis result of explosive DNS traffic increase

3 Security

- **Cyber attacks on DNS have consistently increased(Akamai)**
  → attackers can easily access to DNS infrastructures on the Internet
  → main target of the high-volume DDoS attacks
  → can forge and manipulate DNS data

After는 세 개의 키워드를 슬라이드의 왼쪽에 배치하고 각각의 세부항목을 키워드와 같은 색상으로 배색해 키워드와 나란히 배치했습니다. 또한 키워드와 관련된 아이콘을 함께 배치해 상세내용을 짐작할 수 있는 디자인 요소로 활용했습니다. 세 개의 키워드, 세부 항목, 상세 내용의 순서로 시선이 흘러 전반적인 내용이 한눈에 들어오게 했습니다.

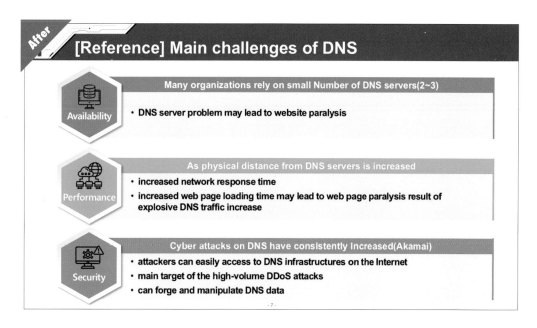

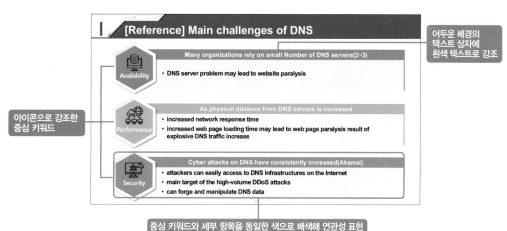

다음 Before는 중심 키워드에 해당하는 이미지가 네 개의 키워드로 확산하는 형태의 슬라이드입니다. 중심 키워드가 바깥으로 확산하는 배치는 좋지만, 점선이 시선의 흐름을 방해하고 복잡해 보입니다. 또한 네 개의 키워드가 한눈에 들어오지 않습니다. 슬라이드에 사용한 양방향 화살표의 쓰임도 잘못됐죠. 양방향 화살표는 대비 또는 대립을 표현할 때 적합합니다. 여기서는 상호 보완 관계가 잘 표현돼야 합니다.

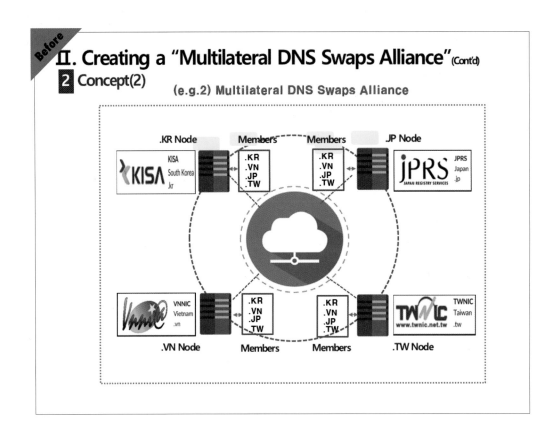

After는 중심 키워드에 해당하는 이미지를 더욱 직관적인 이미지로 교체하고 네 개의 키워드는 짙은 파란색 사각형을 사용해 눈에 잘 들어오도록 했습니다. 양방향 화살표는 상호 보완 관계를 표현할 때 적합한 화살표로 수정해 배치했습니다.

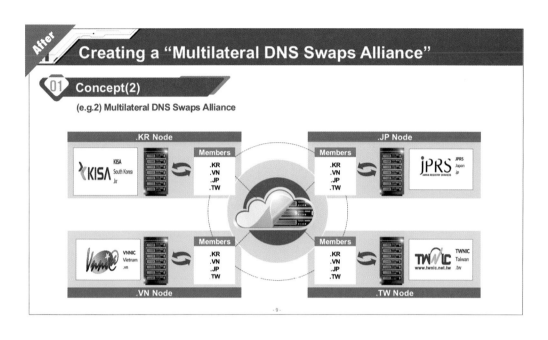

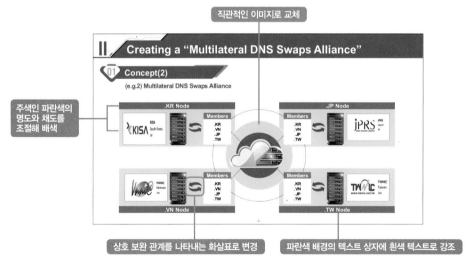

다음 Before는 세 개의 키워드에 속한 세부 내용의 변화를 표현한 도해입니다. 각 키워드에 속한 왼쪽의 세부 내용이 오른쪽의 세부 내용으로 변화한다는 것을 표현하기 위해 화살표를 배치했지만, 눈에 잘 띄지 않고 세부 내용의 텍스트에 위계가 없어 복잡한 느낌입니다.

Before

III. Advantages of Creating a "Multilateral DNS Swaps Alliance" (Contd)

III. Performance

- As physical distance from DNS servers is increased
  - → increased network response time,
  - → increased web page loading time may lead to web page paralysis

- Reduce DNS traffic delay time
  - → DNS queries response with IP Anycast based multiple name servers
  - → Can rapidly response to DNS queries with a globally distributed DNS system

IV. Availability

- Many organizations rely on small Number of DNS servers(2~3)
  - → DNS server error may lead to website paralysis

- Operate DNS services in other regions when a DNS server is not responding in one region
  - → DNS service providers can run highly resilient networks with geographically distributed cloud-based DNS servers

V. Security

- Cyber attacks on DNS have consistently increased(Akamai)
  - → attackers can easily access to DNS infrastructures on the Internet
  - → main target of the high-volume DDoS attacks
  - → forge and manipulate DNS data

- Efficient response against DDoS incident
  - → Can do preemptive response against DDoS incident from the starting point
  - → Can do distributed response against high-volume DDoS incident

After에서는 세 개의 키워드를 모두 슬라이드 왼쪽에 배치하고 화살표를 활용해 세부 내용이 왼쪽에서 오른쪽으로 변화하고 있다는 것을 표현했습니다. 화살표의 색상도 각 키워드와 같은 색상으로 배색해 시선이 같은 색상으로 구분한 상세설명으로 자연스럽게 흐르도록 했습니다. 각각의 상세설명에서도 텍스트 크기를 조절해 위계가 느껴지도록 했습니다.

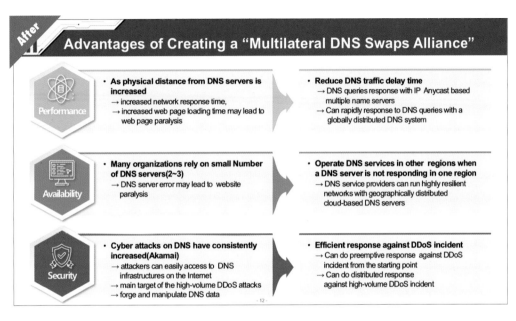

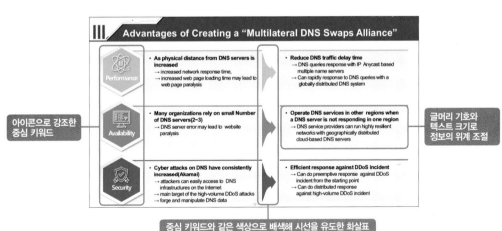